●**学校説明会**（受験生・保護者対象）

第4回 … 11/19（水）10:30～ 授業見学あり

※第4回は6/14（土）と同内容

●**入試説明会**

第1回 … 12/ 6（土）14:30～

第2回 … 1 /15（木）10:30～ 授業見学あり

第3回 … 1 /25（日）10:30～

※全3回　同内容

●**体験イベント**（［要予約］HPにてご予約ください。）

5年生以下対象体験学習 …. 12/21（日）14:30～ 5年生以下対象

※説明会同時開催（説明会のみ参加は予約不要）

●**入試模擬体験**（［要予約］HPにてご予約ください。）

10/26（日） 9:00～ 5・6年生対象

12/21（日） 9:00～ 5・6年生対象

※説明会同時開催（説明会のみ参加は予約不要）

●**公開イベント**

学園祭（葵祭）…………………… 9 /27（土）・28（日）10:00～16:00

※入試相談コーナーあり 9/28はミニ説明会あり

※校舎内は上履きに履き替えていただきますので、上履きをご持参ください。

※上記日程以外でも、いつでも校内見学ができます。ご希望の方は事前にご連絡ください。

KOJIMACHI GAKUEN GIRLS'

麹《こうじ》町《まち》学園女子　中学校　高等学校

Junior & Senior High School

〒102-0083 東京都千代田区麹町3-8　e-mail: new@kojimachi.ed.jp

TEL: 03-3263-3011　FAX: 03-3265-8777　http://www.kojimachi.ed.jp/

東京メトロ有楽町線 ………………………………… 麹町駅より徒歩　1分

東京メトロ半蔵門線 ………………………………… 半蔵門駅より徒歩　2分

JR総武線、東京メトロ南北線、都営新宿線 ……………… 市ヶ谷駅より徒歩 10分

JR中央線、東京メトロ南北線・丸ノ内線 ………………… 四ッ谷駅より徒歩 10分

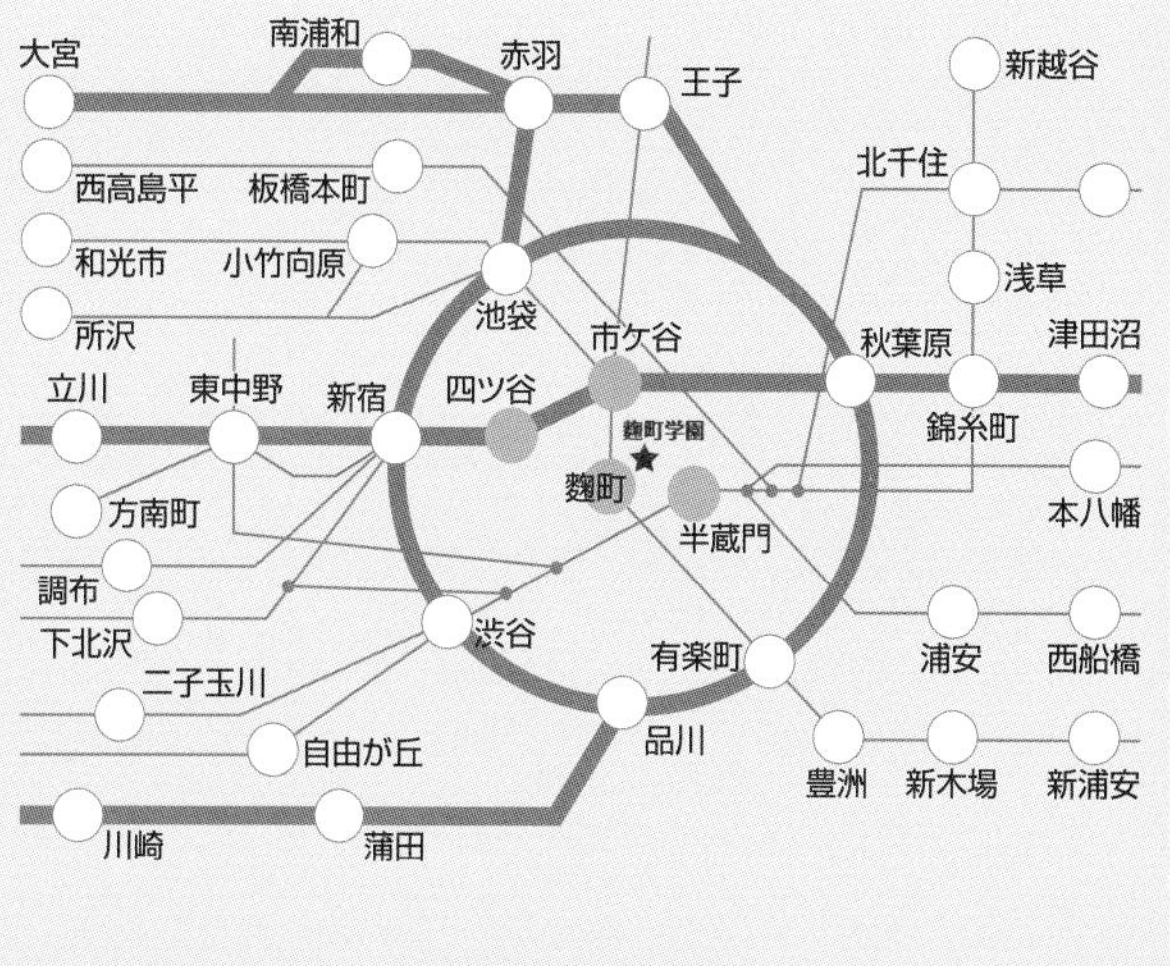

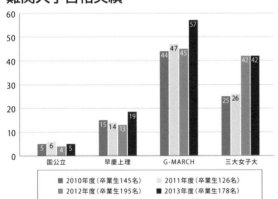

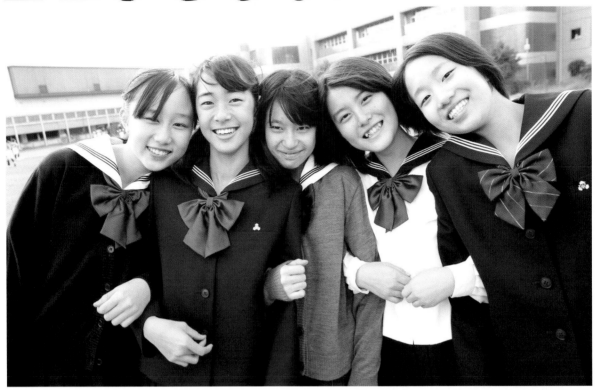

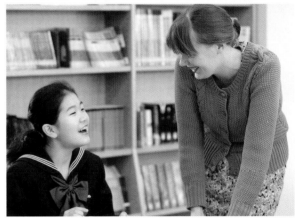

KOKUSAI GAKUIN JUNIOR HIGH SCHOOL

ego cogito, ergo sum

オープンスクール（要予約：インターネット予約可）

9月20日（土） 11:00～12:45 【体験授業】英語をつかおう

※学食で在校生と同じ食事を用意しています。
※体験授業の内容についてはホームページにてご確認下さい。

学校説明会 in 五峯祭（文化祭）

9月14日（日） 11:00～11:30

入試対策学習会（要予約：インターネット予約可）

10月18日（土） 14:00～16:30 2科（算国）模擬試験と解説
***11月14日**（金） 10:00～12:30 4科（算国理社）模擬試験と解説
12月 6日（土） 14:00～16:30 過去問題解説・傾向と対策

＊11/14は、学食で在校生と同じ食事を用意しています。

イブニング学校説明会（要予約：インターネット予約可）

会場：国際学院埼玉短期大学

11月26日（水） 18:30～19:00 【個別相談】19:00～20:00

学校説明会（要予約：インターネット予約可）

11月 4日（火） 10:00～11:00 【個別相談】11:00～12:00
12月20日（土） 14:00～15:00 【個別相談】15:00～16:00
12月25日（木） 10:00～11:00 【個別相談】11:00～12:00

◉予約が必要なイベントはインターネットからもお申し込みができます。
◉オープンスクールと、入試対策学習会の11/14は学食にて実際に本校の生徒に提供している食事が食べられます。御予約の際、学食での食事希望の有無と、希望される方は参加人数をお知らせ下さい。

United Nations Educational, Scientific and Cultural Organization
UNESCO Associated Schools
ユネスコスクール加盟校

中高一貫部
国際学院中学校

QRコードで簡単アクセス

〒362-0806 埼玉県北足立郡伊奈町小室10474 TEL：048-721-5931（代） FAX：048-721-5903 http://jsh.kgef.ac.jp js@kgef.ac.jp

中学受験
合格ガイド
2015

Fight!
受験まであと100日

CONTENTS

MEISEI

世界の星を育てます

中学１年生から英語の多読多聴を実施しています。
また、「わくわく理科実験」で理科の力を伸ばしています。

学校説明会

第3回 **10月11日(土)**
14:00～
［明星の国際教育］

第4回 **11月 8日(土)**
14:00～
［小6対象模擬試験(要予約)］

第5回 **11月21日(金)**
19:00～
［Evening(お仕事帰りにどうぞ)］

第6回 **12月13日(土)**
14:00～
［小6対象入試問題解説・入試対策授業(要予約)］

第7回 **1月17日(土)**
15:00～
［小6対象面接リハーサル(要予約)］

※説明会のみのご参加は予約不要です。
※小6対象、模擬試験・入試対策授業、及び面接リハーサルの詳細は、実施1ヶ月前にホームページに掲載されます。

明星祭／受験相談室

9月27日(土)・28日(日)
9:00～15:00
※予約不要

学校見学

月～金曜日　9:00～16:00
土曜日　9:00～14:00

※日曜・祝日はお休みです。
※事前のご予約が必要です。

ご予約、お問い合わせは入学広報室までＴＥＬ．ＦＡＸ．メールでどうぞ

明星中学校

MEISEI

〒183-8531　東京都府中市栄町1－1　入学広報室
TEL 042-368-5201(直通)　FAX 042-368-5872(直通)
(ホームページ)　http://www.meisei.ac.jp/hs/
(E-mail) pass@pr.meisei.ac.jp
交通／京王線「府中駅」、JR中央線／西武線「国分寺駅」より徒歩約20分　またはバス（両駅とも2番乗場）約7分「明星学苑」下車
JR武蔵野線「北府中駅」より徒歩約15分

2014年4月 男女共学

安田学園、始動。

安田学園では、
授業においては
「わかる」から「できる」へ、
進路においては
「なりたい自分」から「なれる自分」へを
合言葉に日々取り組んでいます。

共学1期生：男子124名／女子57名

共学1期生 一貫1年F組（先進コース

2015年度 中学入試 学校説明会

- 9/13㊏ 9:20〜 ★授業見学
- 9/28㊐ 9:20〜 ★授業体験（要予約）
- 10/18㊏ 14:30〜 ★クラブ体験（要予約）
- 11/23㊗ 9:20〜 ★入試体験（要予約）
- 12/20㊏ 9:20〜 ★入試解説
- 1/10㊏ 14:30〜 ★入試直前対策

安田祭（文化祭）

11/1㊏ 11/2㊐
2日間とも10:00〜15:00
★個別相談を行います

◆掲載している日程以外でも学校見学・個別相談ができます
事前にお電話でお申し込みください
◆各回とも個別相談コーナーを設けております
◆予約申込方法など詳細は本校ホームページをご覧ください

共学

安田学園中学校

ホームページ http://www.yasuda.ed.jp/
Eメール nyushi@yasuda.ed.jp
入試広報室直通 0120-501-528

〒130-8615 東京都墨田区横網2-2-25 TEL.03-3624-2666 FAX.03-3624-2643

佼成学園中学校

〒166-0012　東京都杉並区和田2-6-29
TEL:03-3381-7227(代表)　FAX:03-3380-5656
http://www.kosei.ac.jp/kosei_danshi/

佼成男子

2015年度 説明会日程

学校説明会

9/13 (土) 14:00-15:00
10/12 (日) 14:00-15:00
※11/ 9 (日) 14:00-15:40
11/21 (金) 18:30-19:30
※12/13 (土) 14:00-15:40
1/10 (土) 14:00-15:40

※ 印の日は入試問題解説も実施します。

文化祭

9/20 (土) 10:00-15:00
9/21 (日) 10:00-15:00

※ 個別相談コーナーあり

ここから、夢が始まる。

淑徳SC中等部・高等部

自律する女性を育む

Successful Career

よく学ぶ
少人数にこだわった『思いやり教育』

よく考える
課題研究と段階的な小論文指導

よりよく生きる
多彩なプログラムで『なりたい自分』になる

オープンキャンパス ＊要予約
10/ 5(日)
＊参加ご希望の方は本校HPより予約をして下さい。
＊オープンキャンパスに関するご質問等は
お電話にて受け付けております。
☎ 03-5840-6301

学校説明会日程 ＊予約不要
本校の教育方針や募集要項、入試の傾向などについて説明いたします。なお、説明会終了後に個別入試相談にも対応いたします。
11/16(日) 11/22(土) 11/23(日) 11/29(土) 11/30(日)
12/ 6 (土) 12/ 7 (日) 12/14(日) 12/21(日) 1/11(日)
土曜：14時開始 日曜：11時開始 ＊受付開始時間は30分前からとなります。

学校公開日 10:00〜
11/15(土)
なでしこ祭(文化祭)
11/ 1(土)・2(日)

淑徳SC 中等部 高等部

〒112-0002 東京都文京区小石川3-14-3 ☎ 03-3811-0237
平成27年度 生徒募集受付 ☎ 03-5840-6301
URL：www.ssc.ed.jp info：info@ssc.ed.jp
【最寄り駅】東京メトロ 丸ノ内線・南北線 「後楽園駅」
都営 大江戸線・三田線 「春日駅」

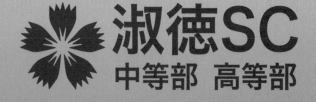

明　正　強

「明るく、正しく、強く」

創立から80余年変わらない本校の校訓です。
約4万人の卒業生に脈々と流れる伝統を礎に、
今それを「明確に正義を貫く強い意志」ととらえ、
本校の教育の基本方針に据えました。
生徒たちと、次の10年そして100年にむけて、
“あたらしい「め」をひらき”大樹に育てていきます。

●学校説明会

10月25日（土）　在校生による学校紹介・施設案内
11月22日（土）　出題者による入試問題の傾向と対策、ワンポイントアドバイス
1月10日（土）　いまから間に合う説明会

※時間はいずれも 13：45～15：15
※予約・上履きは必要ありません。

●三黌祭（文化祭）

9月27日（土）・28日（日）
※ミニ説明会（視聴覚室）・個別相談（図書室）あり
※予約・上履きは必要ありません。

[平成27年度入試要項]　特待生制度有り

	第1回	第2回
日程	2月1日（日）	2月2日（月）
募集人数	男女166名	男女100名
試験科目	国・算・社・理 各50分　100点	
発表	2月1日（日） HP・掲示	2月2日（月） HP・掲示
手続き	2月6日（金）正午まで	

アクセス

JR横浜線・小田急線「町田駅」、京王線・小田急線・多摩都市モノレール「多摩センター駅」、JR横浜線「淵野辺駅」の各駅から直行便および路線バス（急行・直行バスは登下校時のみ運行）

日本大学第三中学校

〒194-0203　東京都町田市図師町11－2375
電話 042－789－5535　FAX 042－793－2134　URL　http://www.nichidai3.ed.jp/

データから見る中学受験

首都圏

中学受験事情

■中高一貫教育の現状と展望
■2015年度の中学入試予測

森上教育研究所 所長　森上 展安

中高一貫教育の現状と展望

戦後の教育を主導してきた私立の中高一貫教育

中高一貫教育というと新しい響きに聞こえがちですが、それは、公立の中高一貫校が近年相次いで開校したからですね。

私立の中高一貫校が、それこそ戦前からあったものを、戦後は官立が戦争を主導した教育機関と目されて廃校にされた一方、私立は新制の中高一貫校として存続してきて、その特徴を真似て公立でも中高一貫校を近年相次いで創設した、という経緯で、前記したとおりです。

ただ、私立の中高一貫校と公立の中高一貫校とは、形態や呼び名は同じでも中味はかなり異なります。

それを「教育」、つまり中味で簡単にしめしながら、その現状、そして各々の展望にふれてみます。

その前に私立がまず戦後は中高一貫であって、公立は新制中学そして新制高校となって成り立った、という点について少し説明が必要です。

戦前の旧制中学は、公立私立とも有料でした。つまり富裕層に開かれた学校でした。一方、戦後の学制改革で公立中学が新制度としてできます。これは戦後教育6・3制の3年にあたり、憲法でもうたわれるように無償となりました。

一方の公立中学は無償、もう一方の私立中学は有償というなかで、戦後しばらくして私立中学の経営がいくつも危機を迎え、多くの私立中学が廃校となりました。

新制の公立中学はあてがいぶち、すなわち配給、旧制からの私立中学は独立自尊、という「ちがい」は、具体的には前者が「普通市民教育」を実現することをめざし、後者は総じて宗教教育あるいはその表象として男女別学を旨としました。

こういってしまえば、どちらも特別なことをするように思うかもしれませんが、むしろバックボーンともいうべきことで、じつのところ、学校生活の見えるところでのちがいではありません。

とくにいずれも公教育ですから、学習指導要領という共通の教育内容のフレームがあり、公立も私立も必要時間数が決められています。各々の検定教科書もしかりです。したがって教育の独自性とはいっても一定制限下でのちがい、ということです。

その最大のちがいは、私立の指導時間数の多さです。寮制学校などは、寮での教育もありますから大幅に時間数が多くなりますし、通学制の学校にしても土曜日を含む1日のコマ数が大変多いのがほとんど。とくに英語は、使用時間数による習熟のちがいが大きいので毎日の指導が基本です。外国語習熟の最もよい方法とされているイマージョン授業（他学科も英語で指導）も、英語は英語での指導もさることながら、数学などを英語で指導するケースも今後は私立で増大するでしょう。

つぎに中高一貫教育では、中学3年間と高校3年間をブツ切りとせず、6カ年をとおして教科指導を体系的に行うことが望ましいあり方です。その意味では、とくに数学では中1数学の時点で高校であつかう数Ⅰの内容を一部加えて指導するなどして重複を避け、かつ有機的に指導することが行われやすくなります。あるいは高校であつかう漢文を中1で習得することも行われています。

つまり私立は校長の裁量権で、学習指導要領を巧みに組み直して、さらに深く指導しているわけです（履修漏れなどという騒ぎがありましたが）。以上は必要最低限の指導をしたうえでのプラスアルファの話です。

大学入試の改革・変容が中高の教育を大きく変える

近年はこうした日本の学習指導要領とは異なるカリキュラムを持つＩＢ（インターナショナルバカロレア）導入も話題となりました。

文科省が、ＩＢ認定校を増やす施策をとっているためですが、このＩＢ認定校では、インターナショナルスクールと同様の卒業資格がとれるため、全世界の名だたる海外大学入学が卒業時のスコアによって可能になります。また、東京大・京都大をはじめ、早稲田大・慶應義塾大など日本の大学へも推薦資格として認定される見込みです。

入試が変われば高校教育も変わりますから、このＩＢのディプロマ（卒業資格）が得られるＩＢ認定校が増えること自体、中学・高校の教育内容が多様化することになります。

一方、現在小学校6年生の児童が大学を受験するころから、日本の大学入試制度が変わることを文科省がアナウンスしています。それは、ひとつには現大学入試センター試験のテストの性格を、達成度評価にしようということで、英語はＴＯＥＦＬなど外部の達成度評価をもってこれにあててもよい、というもの。またＡＯ入試や大学二次などでテスト以外の多面的評価を導入することです。

とくに前者については高校生の間に複数回の受験ができることから、従来の相対評価による成績よりも、より定性的で、短期的対応では評価が変わらないことから、浪人のニーズが減るのとちょうどあわせ鏡で、在校中の活動・学習の質が重視されます。多面的評価というのも、この方向を強化することになります。

これらの入試改革は、中学高校教育に大きな変化をうながします。テストだけの点取り虫的な勉強は支持されなくなり、議論したり、表現したりする協同性が重視されます。

教師が一方的に講義する指導は、大幅に減少していくことでしょう。

これを促進し、支えるものがＩＣＴで、反転学習といって事前に家庭のＰＣ（もしくはｉＰａｄ）で流されるビデオで予習し、数学では生徒同士が協同で調査したり、話しあう授業形式で、アメリカで注目を集めています。

確かにこれを行えば知識の正しいかつ急速な定着もでき、また、問題解決の思考法も身につきます。おそらく日本においても今後多くの学校でこの学習法を取り入れるところが増えるでしょう。

まして、大学入試の達成度評価テストの形式が、「数学を英語で」などの複数科目の乗り入れがいかされる総合問題になる、と考えられているので、反転学習のような学習法は、このテストの方式にピタリです。

このように大学入試が変わる方向に、中学高校教育の現場も変わろうとしています。

また、今年の大きな話題は文科省のスーパーグローバルハイスクール事業です。高校と大学で指定が行われますが、高校は56校選ばれました。留学がこれによって促進されるのは確実で、いままで以上に身近なテーマとなりました。

留学機会が増えるにつれて、日本および日本人のアイデンティティが強く意識されることにもなります。

その意味でこれからの中学・高校教育は日本の文化についても体験する機会が増えていくことでしょう。

2015年の中学入試予測

リーマンショックから中学入試はどう変わったか

ある中学受験塾の10年前と今春の在校生比はほぼ5割減というショッキングなデータもあるほど、中学受験は様変わりしました。その起点はリーマンショックにあります。

1 全体状況

リーマンショック以降の中学入試における受験者数の減少は長期間つづいています。

しかし、2013年度入試から減少が緩和され、さらに景気が好転しそうな状況となったためか、2014年度入試の受験者数は2013年度入試に比べても減少幅が少なくなってきました。そして、2015年度は、受験者数が横ばいから増加になる大きな転換点となる可能性があります。

以上の状況は、リーマンショック以降に起きたことで説明できます。

さらに、リーマンショック以降の中学入試をより深く理解するためには、リーマンショック以前の中学入試についても理解しておくことが必要です。

つまり、中学入試全般を理解するためには、中学入試をリーマンショック以前と以降に分けて分析することが必要となります。

ここでは、中学入試を受験者数だけではなく、公立小卒業者数、中学受験比率（2月1日受験者数÷1都3県公立小卒者数×100）および募集人員を指標として、2001年から2014年の14年間の推移で分析します。

◆公立小卒業者数の前年対比からみる受験者数推移

〈資料1〉は、2月1日受験者数と公立小卒業者数の前年対比の推移をグラフにしたものです。

前年対比は、前年の値を分母として現状が、100％以上ならば前年より増加していることになり、10

資料1

2月1日受験者数・公立小卒業者数（1都3県）対前年比較

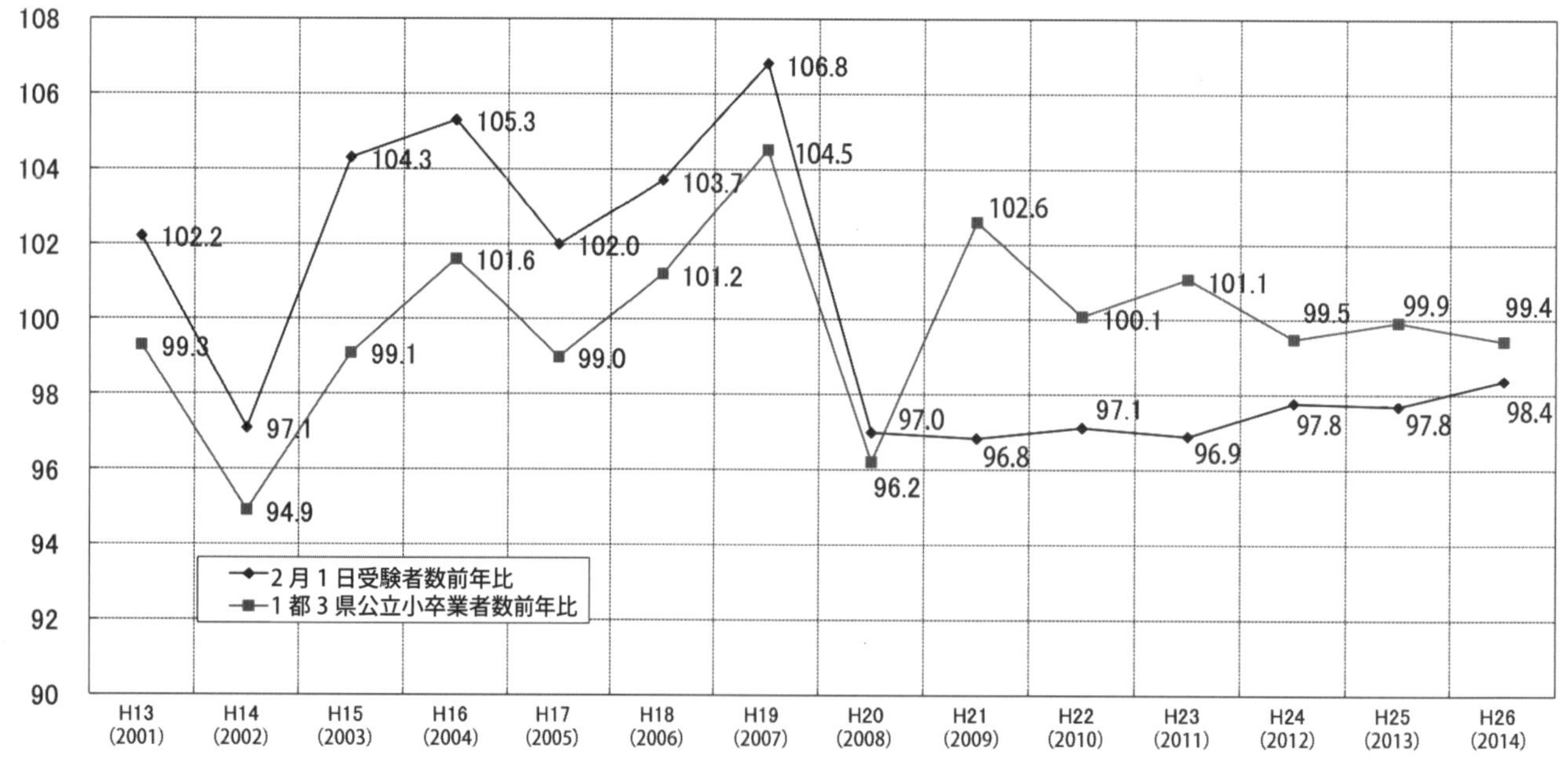

0%未満ならば前年より減少していることになります。前年対比の推移では、これまでの傾向と今後を分析することができます。前年対比の推移が右肩上がりならば向上する傾向にあり、右肩下がりならば低下する傾向と言えます。

リーマンショック以前の2月1日受験者数と公立小卒業者数の前年対比推移は、どちらも右肩上がりで向上する傾向が見られました。

リーマンショック以降の2月1日受験者数の前年対比推移は、わずかですが右肩上がりでした。前年対比は100%未満なので減少しつづけていますが、推移は向上する傾向が見られ、今後は100%になれば横ばい、100%を上回れば増加に転じることも考えられます。

公立小卒業者数の前年対比推移はやや右肩下がりでした。前年対比は、ほぼ100%なので横ばいのまま推移しつづけていますが、推移はやや低下する傾向が見られ、今後は100%を明確に下回れば減少に転じることも考えられます。

リーマンショック以前と以降で、受験者数はどのように推移していたかがわかります。リーマンショックは2008年9月に起こったので、2008年1~2月の中学入試は、リーマンショックよりも前なので影響はないはずです。しかし、受験者数前年対比は97・0%と大幅な減少となりました。

2008年度入試は、公立小卒業者数前年対比が96・2%と公立小卒業者数が大幅に減少したことで受験者数の減少となったのです。

リーマンショックの影響がでたのは、2009年度入試であったと言えます。2001年度から2008年度入試では受験者数は公立小卒業者数の増減に影響されていることがわかりますが、2009年度入試は公立小卒者数が増加しているにもかかわらず受験者数はむしろ減少しました。

リーマンショック以前は、公立小卒業者数が増加すれば、受験者数も増加する傾向があったのですが、2009年度入試は不況の影響で受験者数は減少したのです。

20ページ掲載の〈資料1〉のグラフを見ると、リーマンショック以降は、受験者数前年対比は公立小卒業者数前年対比の影響は受けていないことがわかります。

受験者数前年対比は不況の影響を受けて、継続的に100%を下回っています。

グラフでは、公立小卒業者数は、減少傾向にあるように見えますが、前年対比はほぼ100%なので、横ばいです。

受験者数のグラフを見ると受験者数前年対比は2011年から改善傾向にありますが、前年対比が100%以下なので、毎年、確実に減少していることになり、その減少幅が少なくなっているのです。

22ページ掲載の〈資料3〉をご覧

資料2

中学受験比率（2月1日受験者数÷1都3県公立小卒業者数×100）

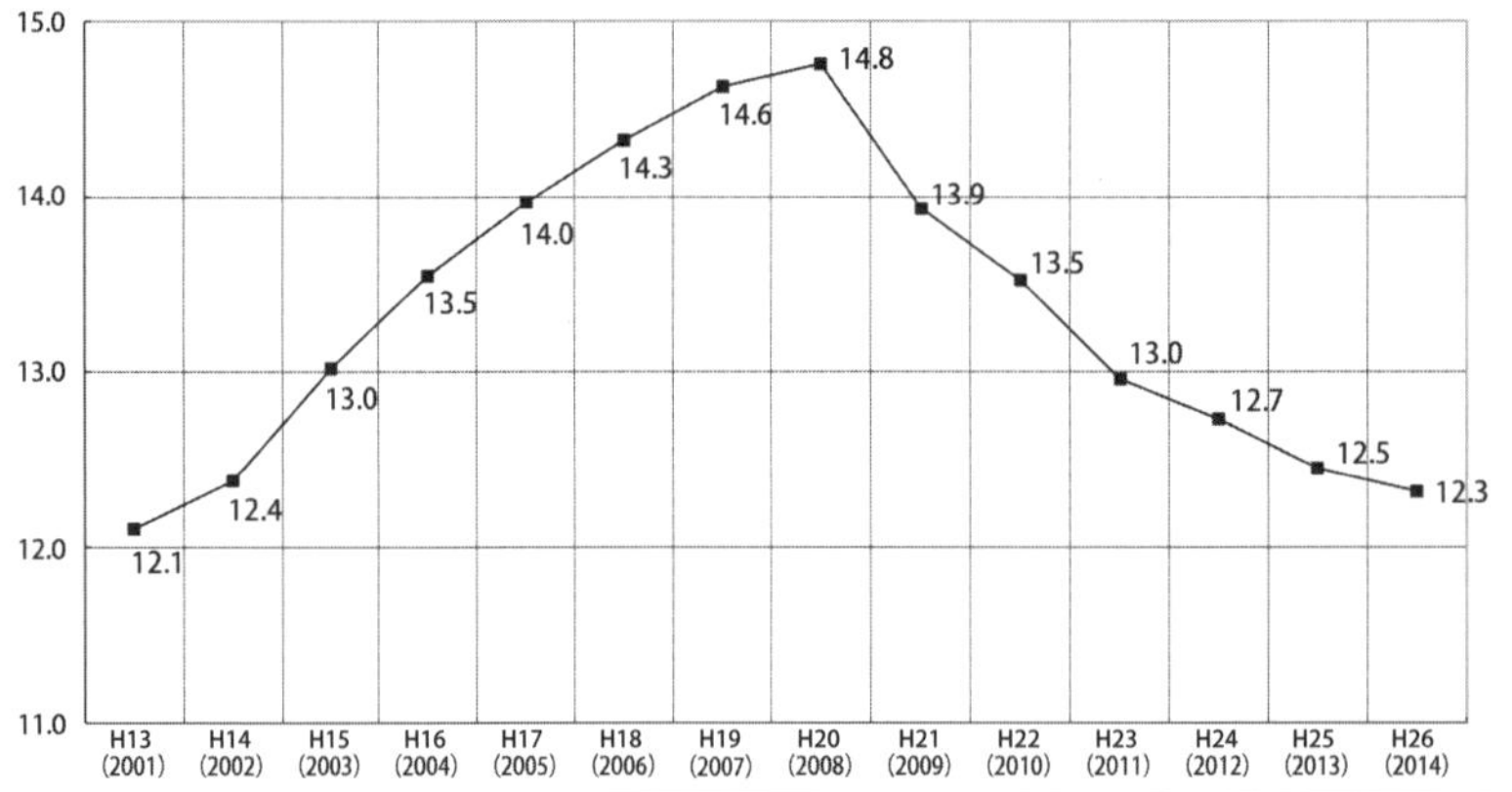

資料3

2月1日　私立受験者数の推移と募集定員及び受験比率

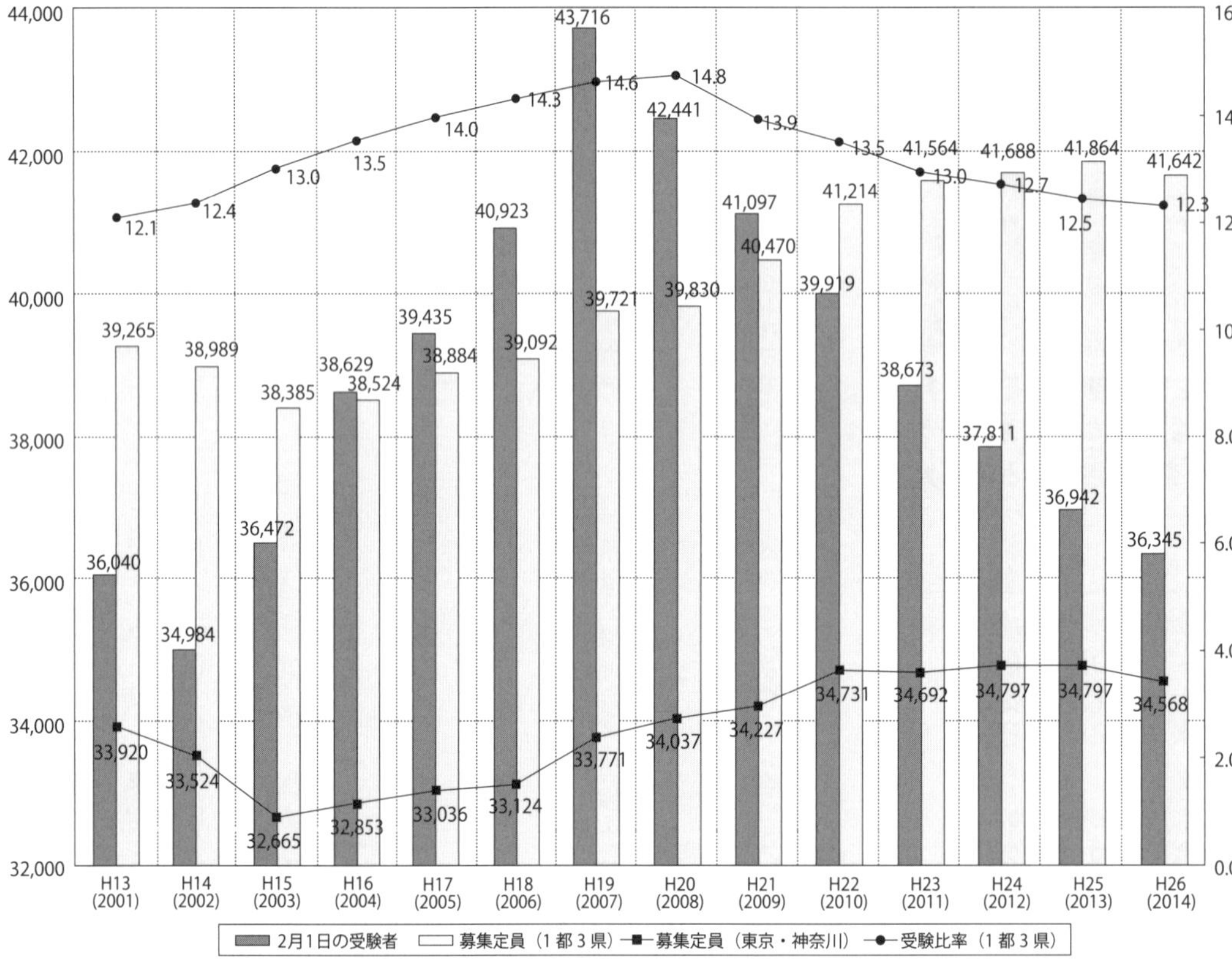

いただくと２００８年以降は2月1日の受験者数が減少しつづけていることがわかると思います。

◆中学受験比率からの分析

〈資料2〉は、中学受験比率をグラフにしたものです。中学受験比率は、2月1日入試の受験者数を1都3県公立小卒業者数で割って１００をかけた指標で、公立小卒業者数にかかわらず中学受験に対する人気がわかります。

2月1日入試は東京・神奈川の受験生がほとんどなので、公立小卒業者数も東京・神奈川にすれば、東京・神奈川の公立小卒業者のうちどれだけの生徒が中学受験をしているかがわかります。

しかし、**〈資料2〉**のグラフにある数値は千葉・埼玉の生徒も含まれ、１００名の公立小卒業者数のうちの中学受験を行った生徒数ということになりません。

もちろん、千葉・埼玉の生徒が2月1日に東京・神奈川で受験することや、東京・神奈川の生徒が2月1日入試を受験しないことも考えられますが、誤差として無視できる数と思います。

東京・神奈川の公立小卒業者数は千葉・埼玉を加えた1都3県の公立小卒業者数の59%なので、東京・神奈川の中学受験比率を計算することはできます。

2月1日受験者数を東京・神奈川の公立小卒業者数で割って100をかけると、ピークの2008年度入試では受験比率は25・5%、2014年度入試では20・8%と、約5減少したことになります。

公立小卒業者数の増減で受験者数は増減することがわかっています。しかし、中学受験比率は、受験者数を公立小卒業者数で割った数値なので、公立小卒業者数が増えた結果、同じ割合で受験者数が増えても、中学受験比率は変化しません。中学受験比率が増加すれば、中学受験する公立小卒業者の割合が増えて、中学受験の人気が高くなったことになります。

中学受験ブームは2002年のゆとり教育に保護者が不安を抱いたことが引き金となって始まり、2008年のリーマンショックで終わっていることが中学受験比率でわかります。

中学受験比率の観点では、2014年は、中学受験のブームが始まった2002年の水準まで戻ったと言えます。

中学受験ブームが終わった2009年～2011年の3年間は中学受験比率の減少幅が大きく、2012年～2014年の3年間は小さいことがわかります。

そろそろ横ばいになる収束傾向が見られます。収束は、受験者数減少時だけではなく、増加時にもあることが22ページ掲載の〈資料2〉からもわかります。つまり、リーマンショックが起こらなかったとしても、数年後には中学受験ブームは終了していたかもしれません。

◆私立受験者数の推移と募集人員および受験率の関係

22ページ掲載の**〈資料3〉**は、2月1日私立受験者数の推移と募集人員および受験率の関係をグラフにしたものです。

グラフを見ると、受験比率は2008年をピークに2009年以降減少しつづけ、受験者数の減少は公立小卒業者数が減少したのではなく、私立中学受験を行う公立小卒業者の割合が少なくなったことをしめしています。

1都3県の募集定員は2003年から増加傾向にあり、受験者数が減少した2009年以降もその傾向はつづいたことがわかります。新規開校した学校が増えて募集定員が増加した場合は、開校した学校の周囲では中学入試を志す生徒を増やす効果がでて、受験者数は増加すると考えられますが、2008年以降は受験者数が減少しつづけています。

受験者数が減少しているなかで募集人員が増加すれば、倍率が低くなるため、中学入試はやさしくなりま

資料4　学校ランク別　受験者数増減率推移

学校ランク		'09/'09	'10/'09	'11/'09	'12/'09	'13/'09	'14/'09
学校ランク	A	100.0%	92.9%	95.0%	91.7%	92.0%	87.0%
	B	100.0%	93.0%	92.4%	86.0%	82.1%	83.7%
	C	100.0%	98.9%	102.1%	105.4%	101.5%	104.9%
	D	100.0%	89.2%	91.0%	88.0%	85.3%	83.6%
	E	100.0%	88.5%	85.7%	80.4%	72.4%	67.0%
	F	100.0%	83.9%	71.3%	61.7%	59.1%	56.1%
	G	100.0%	83.8%	71.8%	60.5%	52.2%	46.6%
	H	100.0%	86.5%	75.6%	68.7%	64.1%	58.5%
	合計	100.0%	90.7%	88.1%	83.5%	79.7%	77.5%

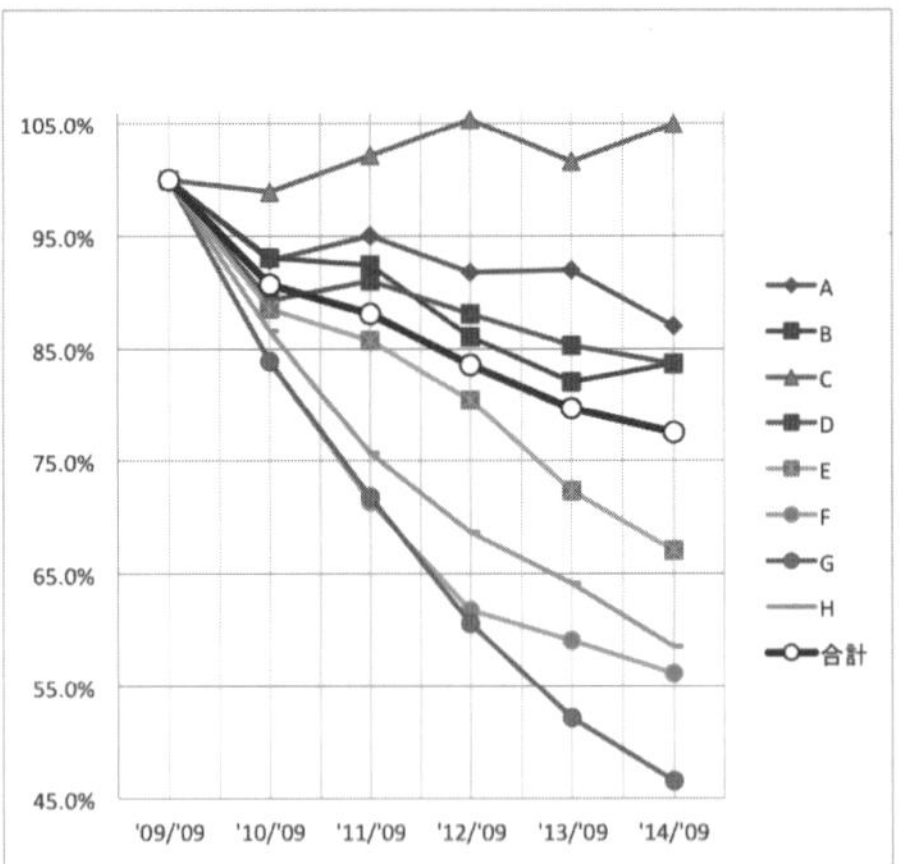

資料5　学校ランク別　受験者数前年対比推移

学校ランク		'10/'09	'11/'10	'12/'11	'13/'12	'14/'13
学校ランク	A	92.9%	102.2%	96.6%	100.3%	94.6%
	B	93.0%	99.3%	93.1%	95.4%	102.0%
	C	98.9%	103.2%	103.2%	96.4%	103.3%
	D	89.2%	102.0%	96.7%	96.9%	98.0%
	E	88.5%	96.9%	93.8%	90.0%	92.6%
	F	83.9%	85.0%	86.6%	95.7%	95.0%
	G	83.8%	85.6%	84.3%	86.2%	89.2%
	H	86.5%	87.4%	90.8%	93.4%	91.3%
	合計	90.7%	97.1%	94.8%	95.4%	97.3%

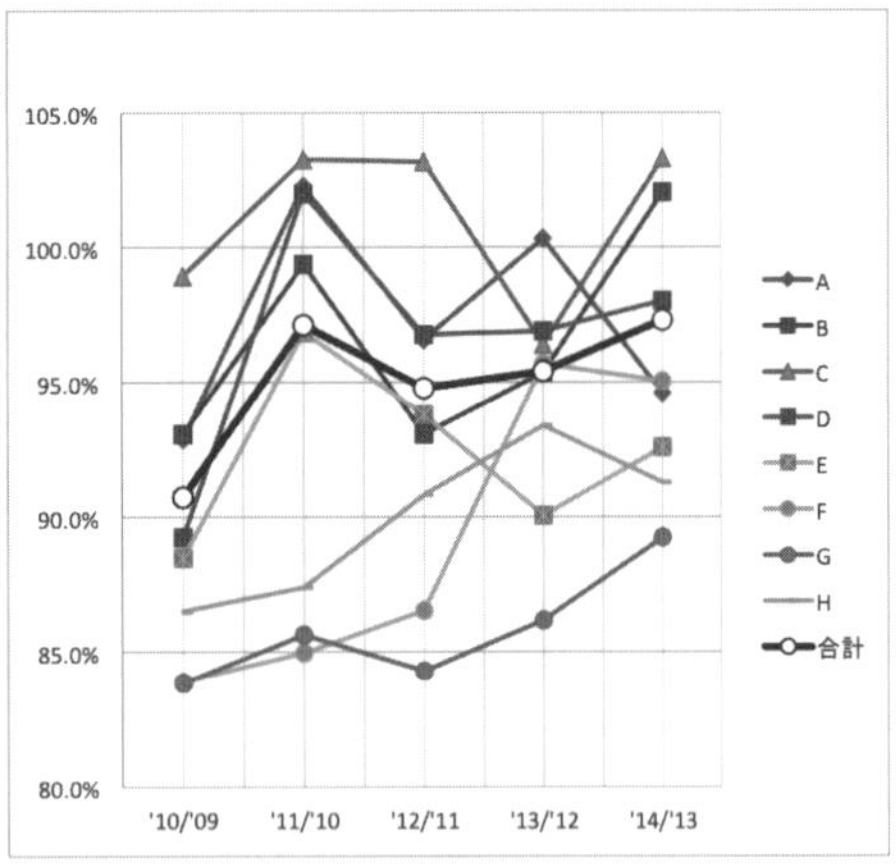

●表示：受験者数が比較的多い：前年対比（前年対比が100%以上）、増減率（'14/'09が90%以上）　例：102.7%
　　　受験者数が比較的少ない：前年対比（前年対比が90%未満）、増減率（'14/'09が80%未満）例：72.4%
●学校ランク：四谷大塚偏差値
A65以上、B64～60、C59～55、D54～50、E49～45、F44～40、G40未満、Hは非エントリー

す。しかし、東京・神奈川の募集定員を見るとそれほど増加しておらず、2011年以降は、ほぼ横ばいで、入試がやさしくなったとは言えません。

以上から、2002年のゆとり教育が引き金となって中学受験ブームが始まり、2008年のリーマンショックで終わったことがわかります。

リーマンショックに起因する不景気が受験者数の減少を引き起こし、不況が継続してきたことで受験者数も減少しつづけたわけです。ついに、2014年の中学受験比率は中学受験のブームが始まった2002年の水準まで戻りました。

しかし、不況でも中学受験に対する確固としたニーズがあり、受験者数の減少は徐々に少なくなり、横ばい状態となりそうです。2002年のときのように、なにかが引き金となって再び中学受験ブームが始まる可能性もあります。

2 複数の要素による多角的分析 2015年入試に向けて

リーマンショック以降の受験者数推移と2015年の動向を「学校ランク」、「学校所在地」、「学校種別」、

「付属校・進学校・半付属校」、「私立・国立・公立校」の5要素に分類し、2015年度入試の動向を探るための多角的な分析を行います。

　その動向を探るためには、リーマンショック直後の2009年度入試における1都3県の受験者数を起点（100％）とし、2009年～2014年度入試の受験者数増減率を分析することが必要です。

　また、受験者数増減率だけでなく受験者数前年対比を分析することで、これまでの傾向から今後を推測でき、2015年度入試の動向が明確になります。

学校ランク

受験者数増減率推移

不況の影響を最も受ける学校ランクで分析を行います。

〈資料4〉は学校ランク別（内訳：A～Hランク）の受験者数増減率推移です。

　2009年度入試の受験者数を起点（100％）として増減率の推移を見ると、2009年～2014年をとおして、比較的ランクの低い学校は毎年減少率が高く、高い学校は毎年低い傾向が見られます。

　5年間で最大の減少率がGランクの46・6％で増加率が104・9％となったCランクを比較すると、58・3％も差がついたことになります。明らかに、A～DランクとE～Hランクで二極化となっていることがわかります。

受験者数前年対比推移

〈資料5〉は学校ランク別の受験者数前年対比推移です。

　前年対比の推移を見ると、一部に例外はありますが、隔年現象の傾向が見られます。また、隔年現象でわかりにくいのですが、前年対比は、全体でも、各ランクでも向上しています。

　2015年度入試の動向は、2014年度入試では前年対比が増加するランクが多く、2015年度入試でもその傾向はつづく可能性があります。

　全般的には、受験者数は横ばいか増加することが予想されますが、二極化の影響で、中下位校は受験者数が減少するランクもあると思います。

　また、隔年現象を考慮すればB・C・E・Gランクは前年対比が減少することも考えられます。

資料6　所在地別　受験者数増減率推移

		'09/'09	'10/'09	'11/'09	'12/'09	'13/'09	'14/'09
所在地	8茨城	100.0%	86.5%	87.3%	79.9%	78.1%	78.5%
	11埼玉	100.0%	94.0%	91.8%	90.6%	83.3%	80.2%
	12千葉	100.0%	90.8%	86.8%	76.7%	74.8%	74.1%
	14神奈川	100.0%	98.2%	93.7%	89.6%	88.0%	84.5%
	16北東部23区	100.0%	86.1%	84.0%	77.7%	74.9%	76.1%
	17北東部以外の23区	100.0%	87.9%	87.0%	84.4%	79.3%	77.3%
	18多摩地区	100.0%	83.6%	78.9%	72.7%	71.3%	67.0%
	合計	100.0%	90.7%	88.1%	83.5%	79.7%	77.5%

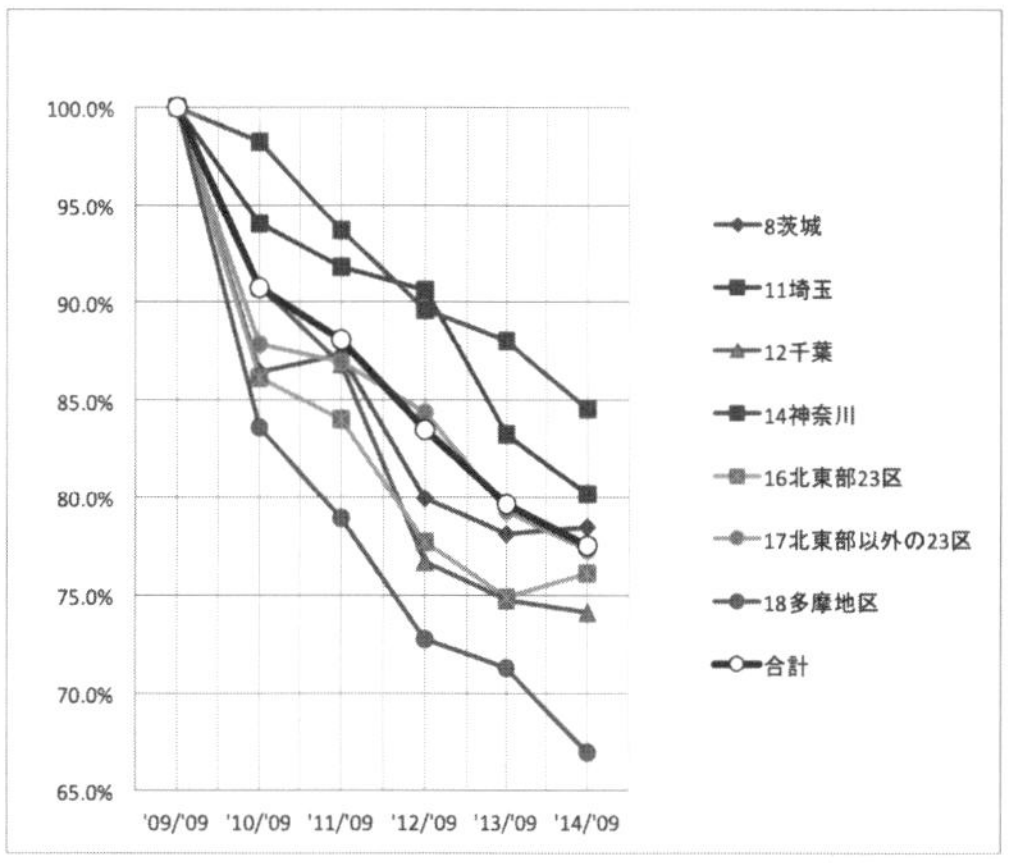

資料7　所在地別　受験者数前年対比推移

		'10/'09	'11/'10	'12/'11	'13/'12	'14/'13
所在地	8茨城	86.5%	101.0%	91.5%	97.8%	100.5%
	11埼玉	94.0%	97.7%	98.7%	91.9%	96.3%
	12千葉	90.8%	95.7%	88.3%	97.5%	99.2%
	14神奈川	98.2%	95.4%	95.7%	98.2%	96.0%
	16北東部23区	86.1%	97.6%	92.5%	96.4%	101.6%
	17北東部以外の23区	87.9%	99.0%	97.0%	93.9%	97.5%
	18多摩地区	83.6%	94.4%	92.2%	98.0%	94.0%
	合計	90.7%	97.1%	94.8%	95.4%	97.3%

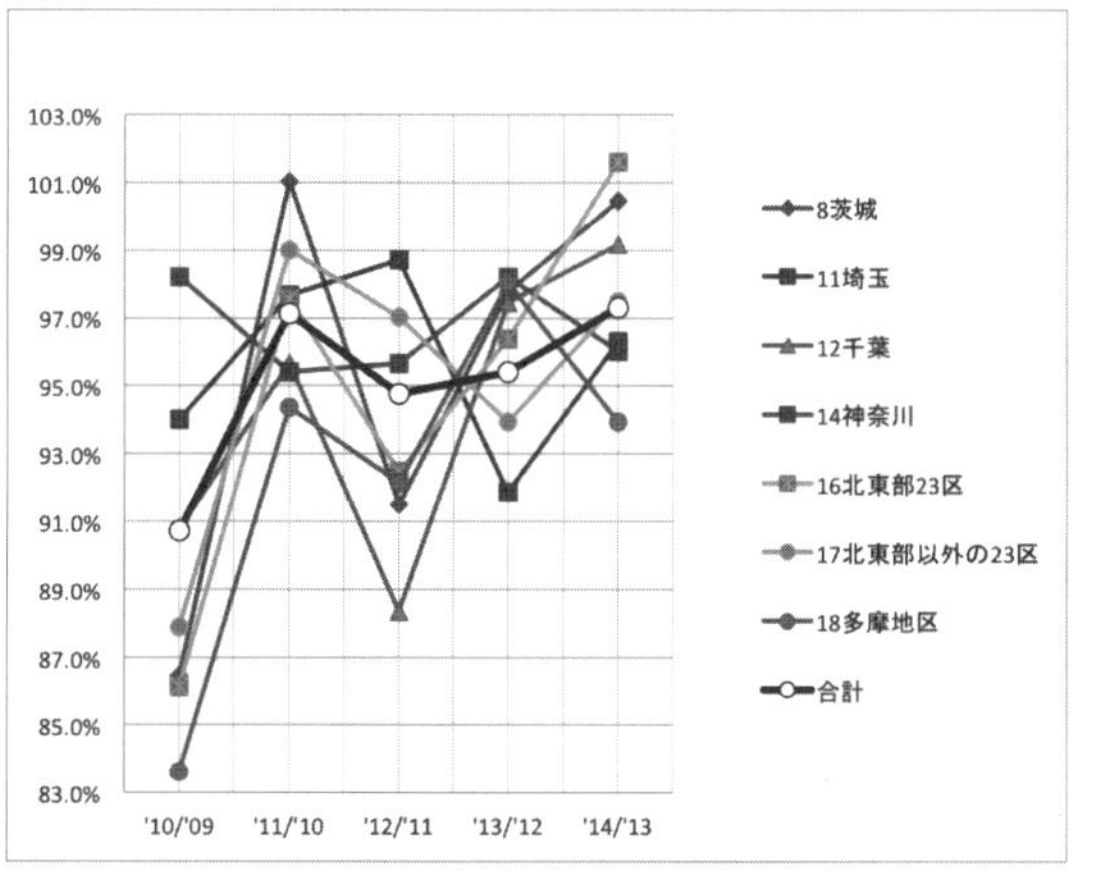

●表示：受験者数が比較的多い：前年対比（前年対比が100%以上）、※増減率（'14/'09が90%以上）　例：102.7%
受験者数が比較的少ない：前年対比（前年対比が90%未満）、※増減率（'14/'09が70%未満）例：88.4%

資料8　学校種別　受験者数増減率推移

		'09/'09	'10/'09	'11/'09	'12/'09	'13/'09	'14/'09
学校種別	男子校	100.0%	96.0%	93.5%	91.2%	84.0%	82.4%
	女子校	100.0%	84.6%	82.5%	78.7%	75.3%	72.8%
	共学校	100.0%	91.4%	88.4%	82.4%	79.9%	77.6%
	合計	100.0%	90.7%	88.1%	83.5%	79.7%	77.5%

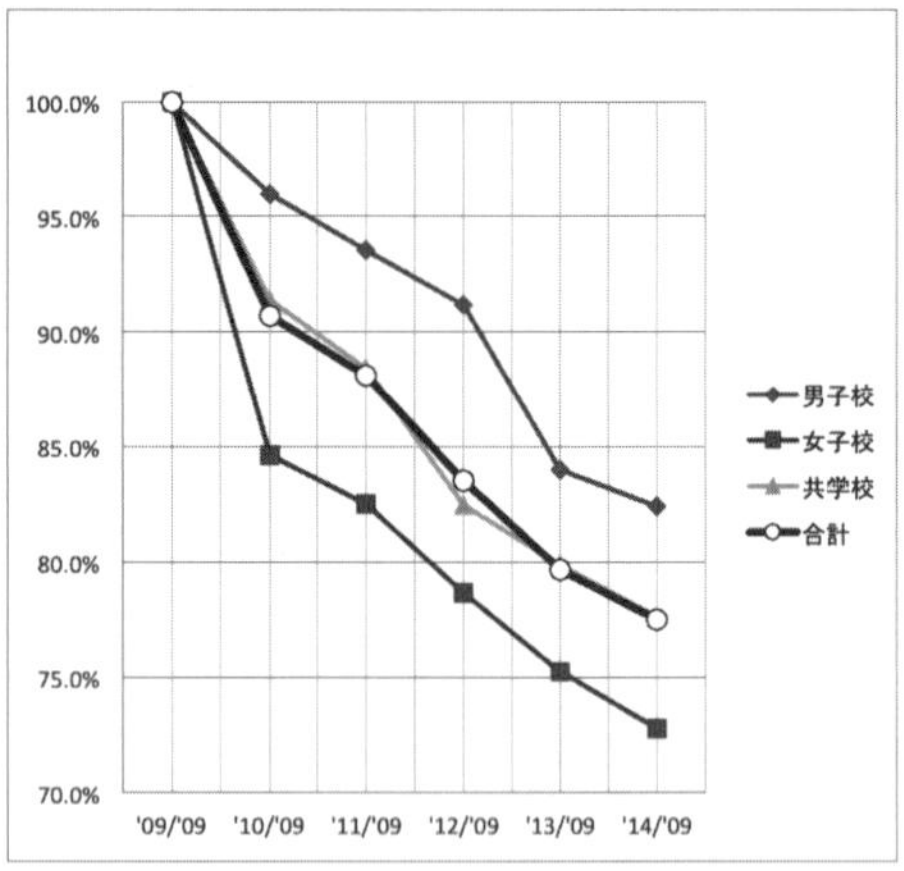

資料9　学校種別　受験者数前年対比推移

		'10/'09	'11/'10	'12/'11	'13/'12	'14/'13
学校種別	男子校	96.0%	97.5%	97.4%	92.2%	98.1%
	女子校	84.6%	97.5%	95.3%	95.7%	96.7%
	共学校	91.4%	96.7%	93.3%	96.9%	97.2%
	合計	90.7%	97.1%	94.8%	95.4%	97.3%

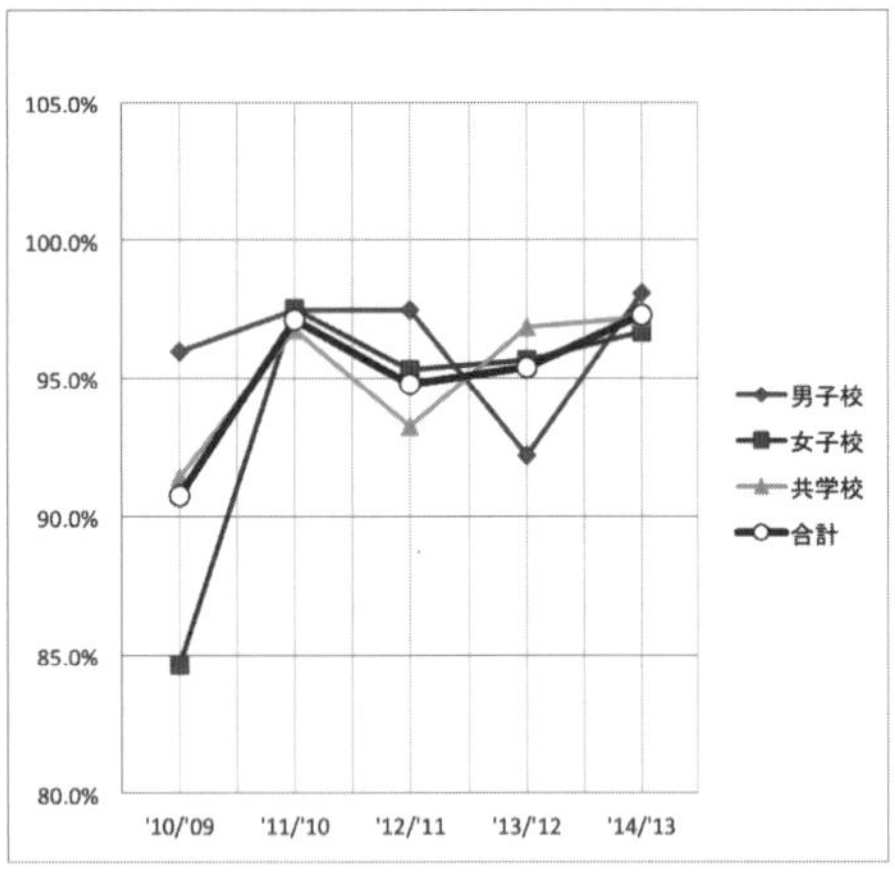

●表示：受験者数が比較的多い：前年対比（前年対比が100%以上）、※増減率（'14/'09が90%以上）例：102.7%
受験者数が比較的少ない：前年対比（前年対比が90%未満）、※増減率（'14/'09が70%未満）例：88.4%

所在地

受験者数増減率推移

〈資料6〉は、学校所在地別（内訳…茨城・埼玉・千葉・神奈川・北東部23区・北東部以外の23区・多摩地区）の受験者数増減率推移です。

２００９年度入試の受験者数を起点（１００％）として増減率の推移を見ると、２００９年に大幅な減少が起きたあと、各所在地の減少率は同程度で推移していることがわかります。

５年間で最大の減少率となったのが多摩地区の67・０％で、最小の減少率が神奈川の84・５％でした。学校ランクほどではありませんが、17・５％も差がついたことになります。

２０１０年の東京・茨城から、東京・茨城→神奈川→千葉→埼玉の順に関東平野を反時計回りに受験者数が大幅に減少しました。

受験者数前年比推移

〈資料7〉は学校所在地別の受験者数前年対比推移です。

前年対比の推移を見ると、学校ラ

ンクと同様、一部に例外はありますが、隔年現象の傾向が見られます。隔年現象でわかりにくいのですが、前年対比は、全体としても、各所在地でも向上しています。

２０１５年度入試の動向は、２０１４年度入試では前年対比が増加した所在地が多く、２０１５年度入試でもその傾向はつづく可能性があります。

学校所在地は、学校ランクの分析結果と似ているところがあり、全般的には、受験者数は横ばい、または増加することが予想されます。

しかし、隔年現象を考慮すれば、茨城・埼玉・千葉・北東部23区、北東部以外の23区は２０１４年度入試の受験者数前年対比が増加したため、２０１５年度入試では減少することも考えられます。

学校種別

学校種別（内訳…男子校・女子校・共学校）は、内訳がこの３種類しかないため、傾向も分析しやすくなっています。

受験者数増減率推移

〈資料８〉は学校種別の受験者数増減率推移です。

２００９年度入試の受験者数を起点（１００％）として増減率の推移を見ると、２００９年に男子校は減少率が低く、女子校は減少率が高く、共学校はその中間で、以降、減少率は同程度で推移していることがわかります。５年間で最大の減少率が女子校の72・８％で最小の減少率が男子校の82・４％と、減少率の差は10％弱しかありません。５年間での差と考えると、学校ランクや学校所在地と比べても、それほど大きな差にはなっていません。

受験者数前年対比推移

〈資料９〉は学校種別の受験者数前年対比推移です。前年対比の推移を見ると、２０１４年度入試では男子校・女子校・共学校ともほぼ同じ数値となっています。この現象は、学校ランクや学校所在地にはないことです。

また、同じ数値に収束することは、今後、大きな変化が見られない前兆と考えることもでき、２０１５年度入試で前年対比が１００％になる可能性があります。このことから、２０１５年度入試の動向は、男子校・女子校・共学校とも受験者数は横ば

資料10 付属・進学・半付属別 受験者数増減率推移

		'09/'09	'10/'09	'11/'09	'12/'09	'13/'09	'14/'09
付属・進学・半付属	付属校	100.0%	91.2%	90.4%	81.0%	74.0%	70.8%
	進学校	100.0%	91.2%	88.6%	84.8%	81.8%	79.6%
	半付属校	100.0%	85.7%	80.0%	75.3%	69.7%	68.7%
	合計	100.0%	90.7%	88.1%	83.5%	79.7%	77.5%

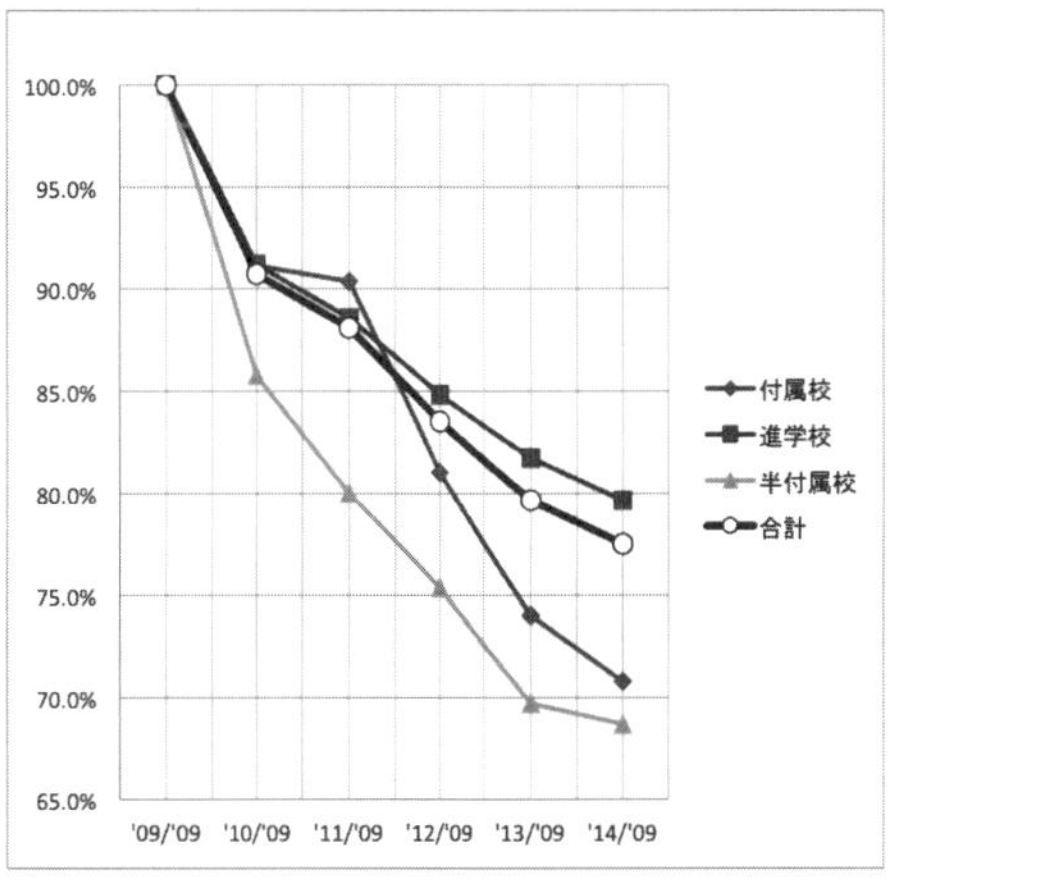

資料11 付属・進学・半付属別 受験者数前年対比推移

		'10/'09	'11/'10	'12/'11	'13/'12	'14/'13
付属・進学・半付属	付属校	91.2%	99.1%	89.7%	91.3%	95.6%
	進学校	91.2%	97.1%	95.8%	96.4%	97.4%
	半付属校	85.7%	93.3%	94.2%	92.5%	98.6%
	合計	90.7%	97.1%	94.8%	95.4%	97.3%

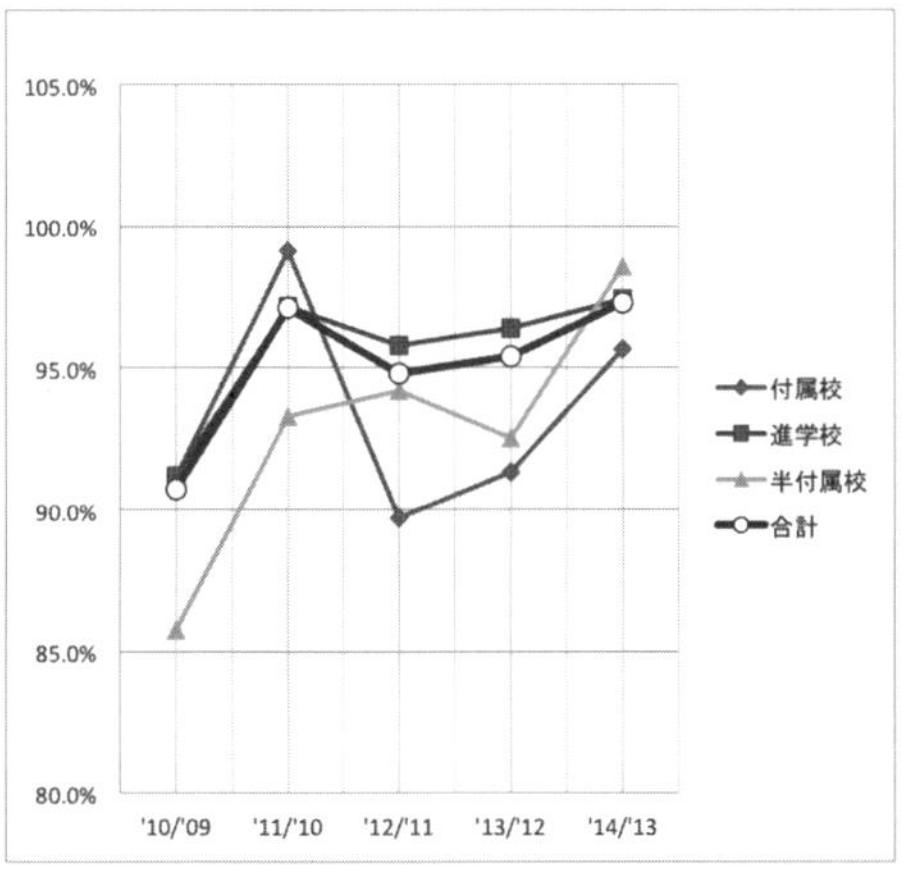

●表示：受験者数が比較的多い：前年対比（前年対比が100%以上）、※増減率（'14/'09が90%以上） 例：102.7%
受験者数が比較的少ない：前年対比（前年対比が90%未満）、※増減率（'14/'09が70%未満） 例：88.4%
●半付属校：系列校大学推薦進学が30%～69%　進学校：同30%未満　付属校：同70%以上

資料12　私立・国立・公立　受験者数増減率推移

	'09/'09	'10/'09	'11/'09	'12/'09	'13/'09	'14/'09
私立	100.0%	90.7%	88.1%	83.5%	79.7%	77.5%
国立	100.0%	95.9%	94.7%	92.3%	79.5%	78.0%
公立	100.0%	80.2%	82.8%	80.4%	80.4%	74.3%
合計	100.0%	89.5%	87.8%	83.6%	80.1%	77.3%

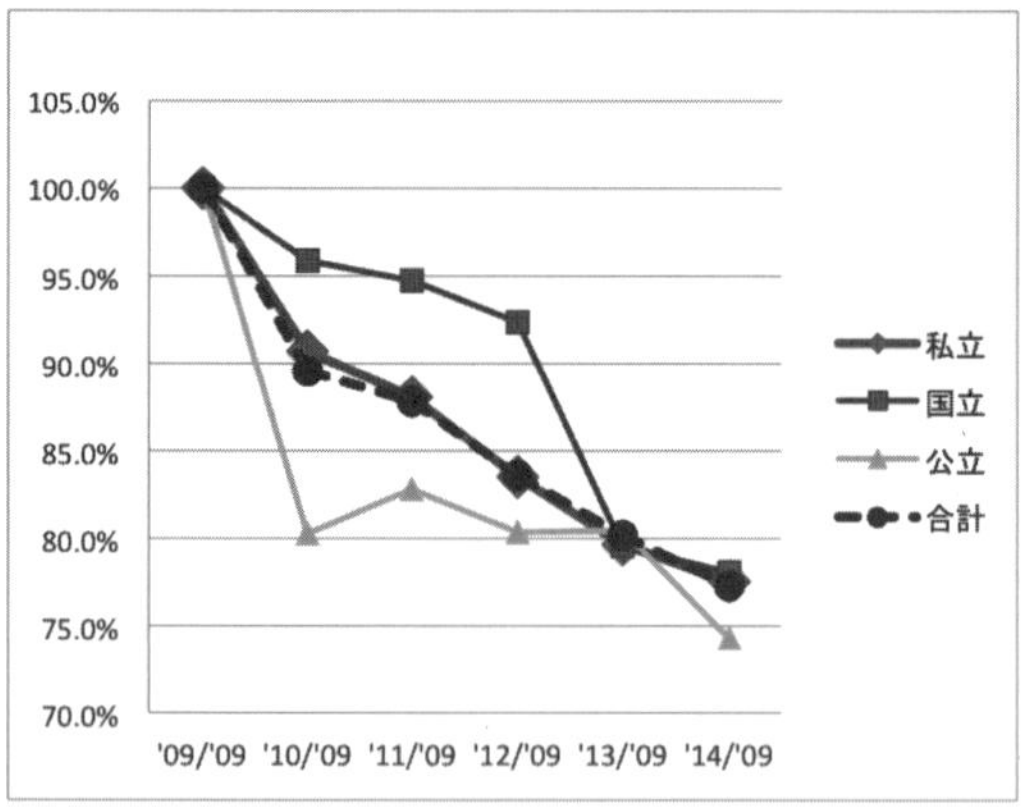

資料13　私立・国立・公立　受験者数前年対比推移

	'10/'09	'11/'10	'12/'11	'13/'12	'14/'13
私立	90.7%	97.1%	94.8%	95.4%	97.3%
国立	95.9%	98.8%	97.5%	86.1%	98.1%
公立	80.2%	103.2%	97.1%	100.0%	92.4%
合計	89.5%	98.1%	95.2%	95.9%	96.5%

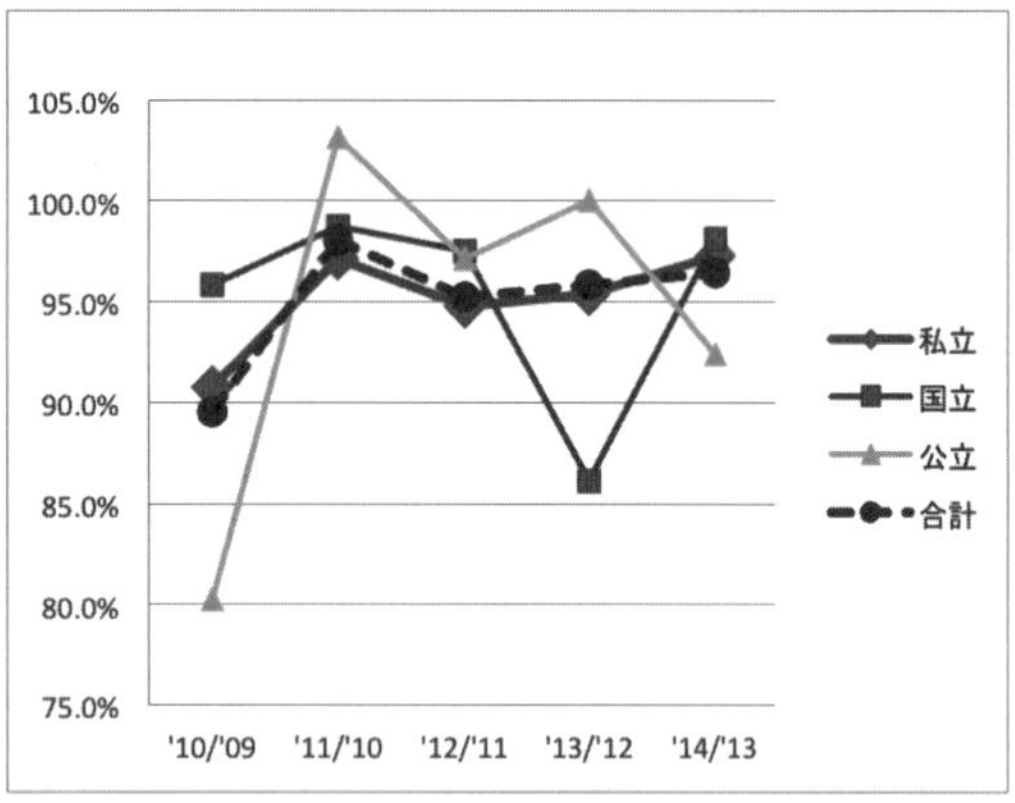

●表示：受験者数が比較的多い：前年対比（前年対比が100%以上）、※増減率（'14/'09が90%以上）　例：102.7%
受験者数が比較的少ない：前年対比（前年対比が90%未満）、※増減率（'14/'09が70%未満）　例：88.4%

い、または多少増加することが予想されます。

付属校・進学校・半付属校

付属校・進学校・半付属校は、進学校の割合が多いため、進学校と合計が同じ分析結果となります。

受験者数増減率推移

〈資料10〉は、付属校・進学校・半付属校の受験者数増減率推移です。２００９年度入試の受験者数を起点（１００％）として、増減率の推移を見てみると、進学校は減少率が最も低く、不況に強いことがわかります。

５年間で最大の減少率が半付属校の６８・７％で最小の減少率が進学校の７９・６％と、減少率の差は１０％強しかありません。

学校種別と同様で、半付属校と進学校の差はそれほど大きいとは言えません。付属校と半付属校は減少率が比較的高かったのは、学費が高いためで、不況の影響（２０１１年は例外）があったと思われます。

受験者数前年対比推移

〈資料11〉は、付属校・進学校・半付属校の受験者数前年対比推移です。

前年対比の推移を見ると、2014年度入試では付属校・進学校・半付属校は、男子校・女子校・共学校同様、ほぼ同じ数値となり、2015年度入試の動向は、付属・進学・半付属とも受験者数は横ばい、または増加することが予想されます。

私立・国立・公立

私立・国立・公立は、私立の割合が多いため、私立と合計が同じ分析結果となります（付属校・進学校・半付属校の進学校と同様）。

受験者数増減率推移

〈資料12〉は、私立・国立・公立の受験者数増減率推移です。

2009年度入試の受験者数を起点（100％）として増減率の推移を見ると、私立・国立・公立とも5年間でほぼ同じ減少率となっていることがわかります。

減少した原因は、私立校が不況の影響で、公立校は開校したばかりで倍率が高かったことが考えられます。

受験者数前年対比推移

〈資料13〉は、私立・国立・公立の受験者数前年対比推移です。

前年対比の推移を見ると、2014年度入試では、男子校・女子校・共学校および付属・進学・半付属と同様、ほぼ同じ数値であることから、2015年度入試の動向は、私立・国立・公立とも受験者数は横ばい、または増加することが予想されます。

最後に

受験者数は減少しつづけていますが、受験者数増減率の推移を見ると減少率は小さくなり、2015年度入試では横ばいになる可能性もあります。

学校ランクと学校所在地では、2014年度入試では減少率が向上している内訳も増えてきました。2015年度入試では、さらに増えることも予想できます。

学校ランクと学校所在地の受験者数前年対比の推移を見ると、一部に例外はありますが、隔年現象が見られます。

隔年現象でわかりにくいのですが、学校ランクと学校所在地を見ると、減少傾向はつづきながらも減少率が低くなる傾向が見られる内訳が多いことがわかります。

2014年度入試では前年対比が高くなる学校ランクの内訳と学校所在地の内訳が多く、2015年度入試でもその傾向はつづく可能性があります。

同様に、男子校・女子校・共学校、付属校・進学校・半付属校、および私立・国立・公立の受験者数前年対比の推移を見ると、ほぼ同じ数値に収束し、2015年度入試では、前年対比が100％以上になることが予想できます。

日本大学豊山女子

Nihon University Buzan Girls' Junior High School

学校説明会　10:00～

平成26年 10/25(土)	本校講堂
平成26年 11/24(月・振替休日)	本校講堂
平成26年 12/ 6(土)	本校講堂
平成27年 1/10(土)	本校

※ 説明会終了後に個別面談・施設見学ができます。
※ 予約の必要はありません。

秋桜祭《コスモス》(文化祭)　9:00～15:00

平成26年 9/20(土)・21(日)　本校

※「入試コーナー」を両日開設します(10:00～14:00)。
※ 事前チケット等は不要です。

赤羽・練馬より スクールバス運行	
赤羽駅 ⟷ 本校バスロータリー	15分
練馬駅 ⟷ 本校バスロータリー	20分

access
- 東武東上線「上板橋」駅下車 徒歩15分
- 都営三田線「志村三丁目」駅下車 徒歩15分

2015

私を変えられる，わたしになろう。

日本大学豊山女子中学校

〒174-0064 東京都板橋区中台3丁目15番1号
TEL • 03-3934-2341 FAX • 03-3937-5282
http://www.buzan-joshi.hs.nihon-u.ac.jp/
http://www.buzan-joshi.hs.nihon-u.ac.jp/k/

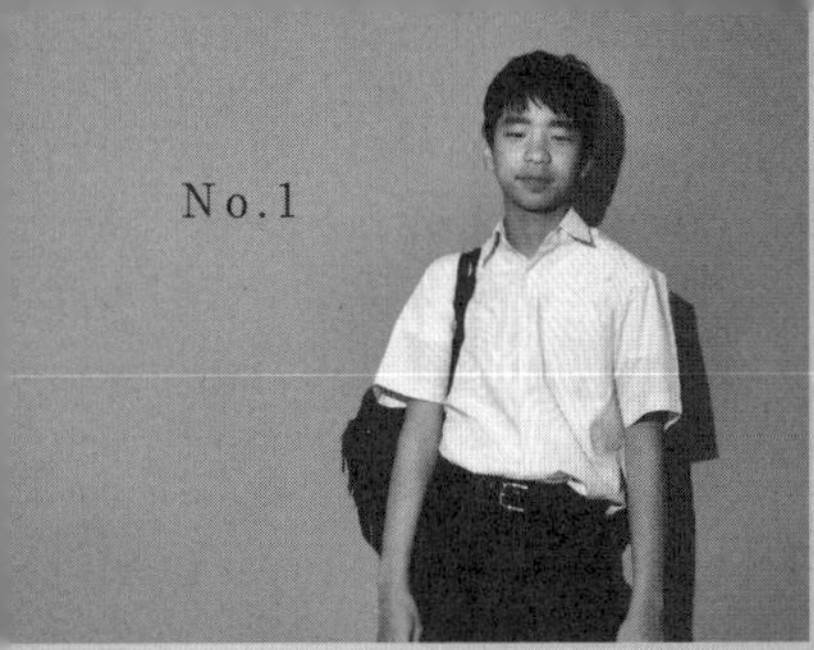
No.1

不言実行

一生安定

あきらめない！！
自業自得
強く願えば、夢は叶う

Wings and Compass

未来へ翔く翼とコンパス

入試説明会　全ての説明会で、「教育方針」「教育内容」「入試」に関する説明を行います。

9月13日（土）	適性検査入試について	14:00～16:00
10月 4日（土）	iPadによる次世代教育・授業見学	10:00～12:00
11月16日（日）	部活顧問紹介・給食試食	10:00～12:00
12月13日（土）	桜丘生の声	14:00～16:00
1月17日（土）	出願直前最終説明会	14:00～16:00

入試対策会

10月26日（日）	各教科からの傾向と対策の解説	9:00～12:00

入試直前対策会

1月 4日（日）	各教科からの傾向と対策の解説	13:00～16:00

サッカー部体験会

10月26日（日）	13:00～15:30

桜華祭（文化祭）

9月28日（日）	9:00～15:00

・桜華祭以外は全て予約制です。本校Web http://www.sakuragaoka.ac.jpよりお申し込みください。
・上履きは必要ありません。また車での来校はご遠慮ください。
・上記以外でも、事前にご連絡をいただければ学校見学が可能です。

塵も積もれば山となる

桜丘中学校

〒114-8554 東京都北区滝野川1-51-12 tel：03-3910-6161
http://www.sakuragaoka.ac.jp/
mail：info@sakuragaoka.ac.jp
@sakuragaokajshs
http://www.facebook.com/sakuragaokajshs

・JR京浜東北線・東京メトロ南北線「王子」駅下車徒歩7～8分
・都営地下鉄三田線「西巣鴨」駅下車徒歩8分
・都電荒川線「滝野川一丁目」駅下車徒歩2分
・「池袋」駅から都バス10分「滝野川二丁目」下車徒歩2分
・北区コミュニティバス「飛鳥山公園」下車徒歩5分

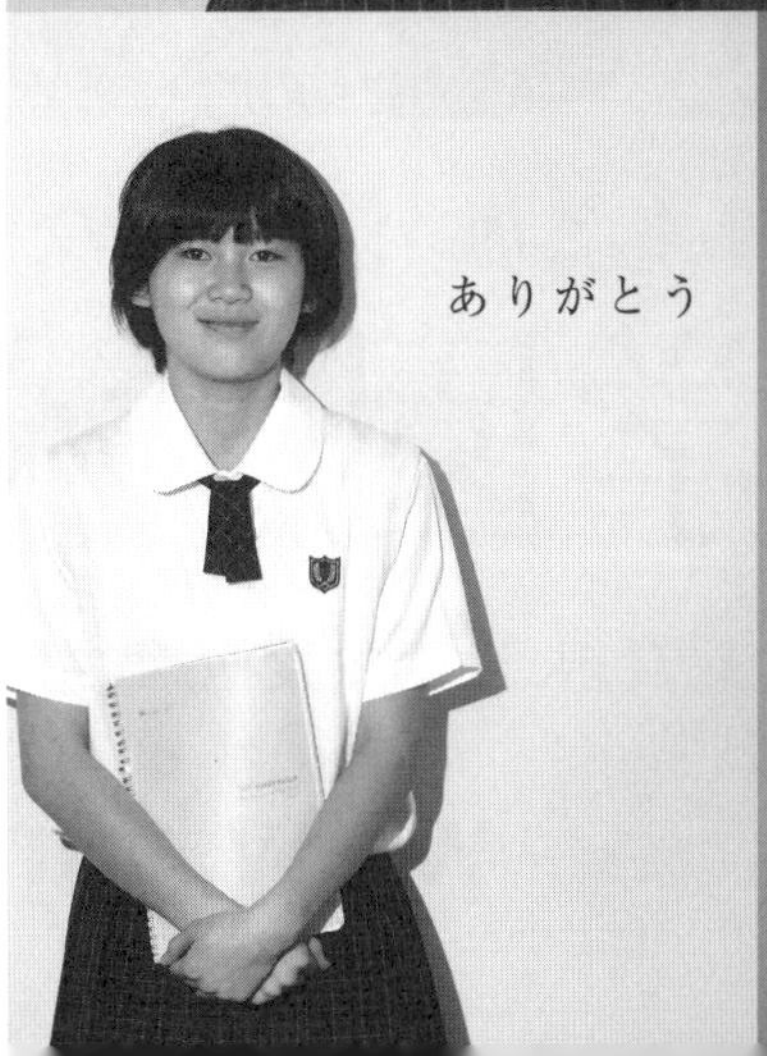
ありがとう

平和

さあ!『湘南から未来へ』

創立80周年を経て、新たな理想を掲げてより魅力ある学校づくりを目指します。

- 2013年12月「ユネスコスクール」に認定
- 本校独自の「総合学習」を核とした「湘南学園ESD」の推進

「カフェテリア」もいよいよオープン!

[説明会等の日程] 各回多彩なコンセプトで実施。申込方法:FAX・ホームページ。

学校説明会

- **9/20(土)** 時間 9:30~12:20 申込期間 8/1~9/15
  湘南学園を知ろう No.2
  夏力! 湘南学園の実践を紹介&ミニオープンキャンパス
- **10/25(土)** 時間 9:30~12:00 申込期間 9/16~10/19
  湘南学園を知ろう No.3
  "こだわりの第1志望"を励ます6カ年指導・実践とは

入試説明会

- **11/19(水)** 時間 9:30~12:00 申込期間 10/20~11/13
  必勝! 入試情報編
- **12/20(土)** 時間 9:30~12:20 申込期間 11/14~12/14
  入試問題にチャレンジ! 直前対策編

学園祭

- **10/4(土) 5(日)**
  場所 湘南学園キャンパス
  時間 9:30~15:50
  予約不要 個別相談会あり

学校見学期間

※要電話予約
申込期間はHPでご確認下さい。

[冬] 1月10日(土)・13日(火)・14日(水)・15日(木)・16日(金)・17日(土) ①10:00~ ②11:00~

学校法人湘南学園
湘南学園中学校高等学校

〒251-8505 藤沢市鵠沼松が岡3-4-27 TEL.0466-23-6611(代表) FAX.0466-26-5451
最寄駅 小田急江ノ島線 鵠沼海岸駅徒歩約8分

http://www.shogak.ac.jp/highschool/

海《かい》城《じょう》中学校

Address
東京都新宿区大久保3-6-1
TEL
03-3209-5880
Access
JR線「新大久保駅」徒歩５分、
「大久保駅」徒歩10分、
地下鉄副都心線「西早稲田駅」
徒歩８分
URL
http://www.kaijo.ed.jp/

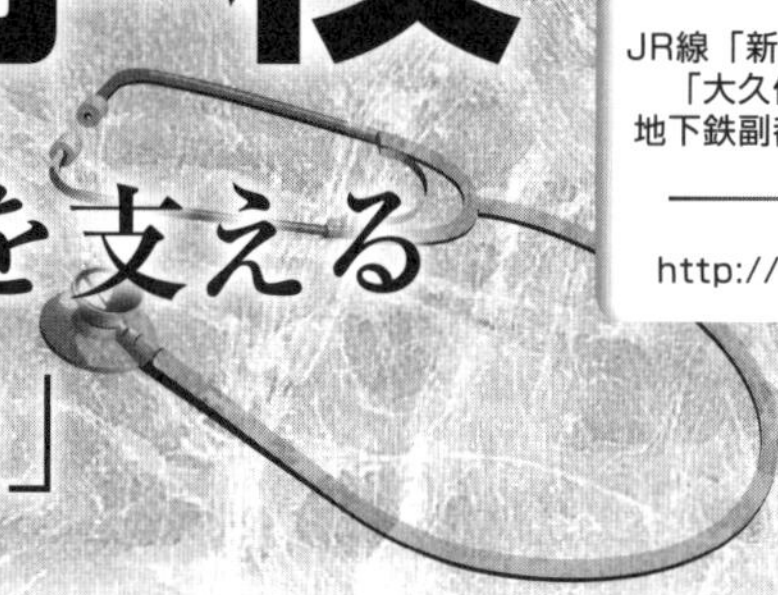

医学部への高い合格実績を支える「医学部小論文・面接講座」

国公立大学医学部の合格者数が関東でトップクラスの数字を記録しつづけている海城中学校。その伸長を支える「医学部小論文・面接講座」について、担当の林敬先生（社会科）にお聞きしました。

中1から取材を含めた論文指導 中3では本格的な卒業論文

「医学部小論文・面接講座」以前に、海城での論文指導は、中学校で海城独自のカリキュラムとして設定している社会科の総合科目から始まります。

これは、海城が「新しい紳士の育成」を目標として21年前に始めた教育改革の一貫として、「新しい学力」を求めた問題解決型の学習のひとつです。

「夏休みの課題として論文を書かせる学校が増えていますが、他校との決定的なちがいは、生徒任せにするのではなく、授業のなかで、専任の教員がテーマ設定の仕方から、参考文献の検索、取材先の選定とアポイントメントの取り方、インタビューの仕方にいたるまでしっかりと教えていくところです」

中1～中3まで週2時間の授業で、生徒は調査研究の仕方や論文の書き方を学んでいきます。その集大成が中3の2学期に提出される卒業論文です。卒業論文は400字詰め原稿用紙で30～50枚にもおよびます。生徒の興味関心によりテーマは多岐にわたります。

こうした問題意識と問題解決を育む取り組みが、大学受験にとどまらず、大学に入り、社会にでてから活躍できる根太い学力につながっています。

医療の本質に触れる 医学部小論文・面接講座

「卒業論文で、医療問題に取り組む生徒がでてきました。困難な課題に取り組む医療現場を取材して、医師になりたいと真剣に考える生徒に対して、我々教員ができることはないかと考え、2004年度にスタートしたのが『医学部小論文・面接講座』です」

「医学部小論文・面接講座」は現在32名の生徒が受講しています。高2の3学期から、夏休みを含めて、高3の3学期までつづきます。週1回、土曜日の午後に80分間の授業が行われ、高3の3学期は模擬面接が行われます。

「学期ごとに大きなテーマを設定します。講座を始める高2の3学期には、『医師志望論』をテーマにします。だれもが医師や医療とかかわった原体験をきっかけにして医師をめざそうと決意するものですが、医師や医療との出会いに、なにを感じ、どんな心の変化があって医師になろうと思ったのかを問うと、明確に話せる生徒は少ないのです。そこで、なぜ医師になりたいのか、どんな医師になりたいのかという志望の原点をはっきりさせ、確固たる目的意識を持たせることから始めます。

なぜならば、医師は患者のかけがえのない生命、そして死に向きあっていく覚悟が必要です。医学部の入試では、そうした真剣さや考えの深さが試されるのです」

高2の3学期に医師志望の動機を明確にしたうえで、この講座は3年次から本格的なものになっていきます。

「医学部入試の小論文の課題や面接の質問項目を分析してみると、大きくわけて3つのテーマについて問われることがわかりました。ひとつめは『医師・患者関係論』、ふたつめが『地域医療論』、3つめが『先端医療論』です。高3の1学期、夏休み、2学期にそれぞれをテーマに設定します」

この講座は、社会科2名、理科1名、国語科2名の計5人の先生が担当しています。毎回授業担当者が交代する形式ではなく、1回の授業のなかで理科の先生が生命科学的な観点から、社会科の先生が社会科学的な観点から解説し、国語科の先生がコメントを加えるなど、先生がたが絶妙に絡みあいます。

取材に訪れた夏休みの8月12日に行われた授業では、『地域医療』が取りあげられました。

授業の内容は、医療制度の改革にともない、地域医療がいま、いかに疲弊しているか、かかわる医師がどんな状況のなかで治療をつづけているかが、さまざまな新聞記事などをもとに紹介されていました。

授業では、積極的にディスカッションも行われます。そこで他の生徒や教員の意見を聞くことで、多様な見方や考え方に触れることができます。ときには、研修医として医療現場に立つ卒業生も授業に参加して、現場の雰囲気と彼らの仕事ぶりを伝えてくれます。

この日の授業では地域医療の現状について、さまざまな視点から説明がありました。

この日の講座を受講していた畠中大維くんは「医師の世界にも不条理なことがあり、とてもきつい仕事なんだということがわかりました。実際にはもっと大変なこともあるかもしれないけど、その半面、すごく重要な職業ですし、それでもぼくは医者をめざしたいです」と話してくれました。

こうして生徒たちは、いま抱えている医療現場の問題と、それに対する自分の考えをしっかりと築いていき、それを小論文にまとめていきます。

小論文・模擬面接では徹底した手厚い指導

「生徒が書いた小論文は、国語科の教員が添削して返却されますが、教員によってその論旨や内容をいかして書き換えられます。そして、両方の小論文を生徒にしめしながら、ディスカッションを始めます。こうして小論文の改善点を具体的に理解させます。生徒にはもう一度小論文を書き直させて、再び執筆指導を行うのです」

模擬面接は、朝の7時から、夜は6時過ぎまで行われ、3学期は教員の空き時間のすべてが模擬面接に使われると言っても過言ではありません。

「医師になったときに、わずかな診療時間のなかで、患者に病状や治療方針を簡潔かつ明解に伝えて、納得してもらう必要があります。この対話技術を育む取り組みが模擬面接なのです。

模擬面接は、3人の教員で本番と同様の形式で行います。その際に、入室・着席の仕方、礼の仕方、言葉遣い、所作、返答の内容をチェックします。面接が終わると、面接時のようすをビデオで撮っておいて、どこがダメだったのか、どう改善すればいいのかという振り返りを行います。こうして、一人ひとりの模擬面接に1時間以上の時間をかけます。その後、生徒は家に帰って自分の受け答えを再構成し、数日後2回目の模擬面接にのぞみます。なかには4回も面接を受けた生徒もおり、医学部に合格した卒業生の多くは、『模擬面接がとても厳しかったので、本番では楽にできました』と言います」

生徒の意志に対する先生がたのこうした情熱により、年々、医学部の合格者数は伸びてきています。しかし、海城ではただ、医学部へ合格すればよいと考えているわけではありません。

「医師というと、高収入で社会的地位が高い、といったいいイメージばかりが強調されますが、その裏側にある大変な部分や、ドロドロとした部分も教えています。それでも医師になりたいという気持ちがなかったら、この先やっていくのは厳しいという考えからです。医学部はほかの学部とちがい、学部選択＝職業選択というところがありますから、たんなる技術論だけではなく、精神的な話や、医療の世界の現実も垣間見せることで生徒たちの視野を広げておいてあげたいのです」

このように、生徒の意欲と、教員の対応が結びついて、大学入学時点から医師への第一歩をしっかりと刻むことのできる生徒が育てられるのです。

説明会日程

《一般入試》

日程	時間	定員	予約受付開始日
10月14日（火）	10：00～11：30	400名	9月17日（水）
10月15日（水）	10：00～11：30	400名	9月17日（水）
10月16日（木）	10：00～11：30	400名	9月17日（水）
10月25日（土）	13：30～15：00	400名	9月17日（水）
11月15日（土）	13：30～15：00	400名	10月27日（月）

※11月15日は小学5年生以下限定

《帰国生入試》

日程	時間	定員	予約受付開始
10月17日（金）	10：00～11：30	400名	9月17日（水）

「あと100日」の過ごし方で「合格」が決まる！

入学試験まで、残すところおよそ「100日」となりました。いよいよ入学試験が現実のものとして実感できる時期ではないでしょうか。焦ることなく、この「100日」を有意義に活用して「合格」を勝ち取っていきましょう。ラストスパートの「100日」をどう充実させていくか、ここでいっしょに考えてみましょう。

「100日で できることは多い」

入学試験まで残りあと100日という時点は、大きな区切りとして意識されるときです。「100」というキリのいい数であるだけではなく、3カ月あまりというまとまった期間でもあり、入学試験に向けてのラストスパート期間として非常に重要な100日といえます。

実際、多くの進学塾でも、この100日を区切りとして、「入試まで、あと○○日」と掲示されたりします。これは受験を焦らせるために日数をカウントダウンするのではなく、まだまだ間に合うと励ます意味なのです。多くの受験生が、入試までの日数を具体的に意識した段階から、「自分も、受験生だ」と自覚できるようです。

これまで学習を重ね、暑い夏にも夏期講習でがんばってきたのですから、だれもが受験するという意識はあったものの、入学試験までの残された日数が数値でしめされることで、より切実に受験生としての自覚がうながされるといえるでしょう。

ここで大切なことは、受験生のサポーターであるご家庭のみなさんの意識ではないでしょうか。「あと○○日しかないんだから」と日々数が減っていくことを強調しすぎる傾向もあります。周囲は、「100日しかない」ととらえがちですが、そうではなく、「まだ100日ある」と考えていただきたいのです。

周囲のこうした余裕が、受験生ご本人にもプラスに作用し、「合格」という栄冠を獲得する大きな力とすることが可能になります。

精神的な休養も 意識した「100日」に

さて、この「100日」ですが、けっして短い日数ではありません。考えてみれば当然ですが、3カ月以上もの期間です。1年のうちでは4分の1以上に相当する日数です。

受験の最終的なまとめと総仕上げをしていくにはじゅうぶんな時間が残されているといえます。

しかし、入学試験というプレッシャーもあり、ともすれば気持ちばかり焦ってしまい、日数だけが経過していくということにもなりかねません。「あと100日」の時点でもそうなのですから、半分の「あと50日」となったときには、その不安と焦りは、より大きなものになります。

ですから、この「100日」をどう過ごすかをしっかりと整理し、淡々と日々の学習を積み重ねることが重要です。合わせて、受験では、学力の向上とともに精神面での充実が合格に大きく結びつくものでもあります。「焦るな」というのは簡単ですが、実際には小学校6年生の児童にとって、「はたして合格できるだろうか」という不安もあり、気持ち的には、落ちつかない日々の連続でしょう。

そこで、周囲のご家族は、なによりお子さんの健康管理を心がけ、とくに精神的な疲れを取り除いていく工夫もしていただきたいと思います。おおまかな計画を立てるなかで、わずかな時間でもかまいませんから、身体と気持ちを休ませる休養の機会も設けるように意識していくことが大切です。

【学習編】

「100日」で高める合格力

では、この「100日」で可能な学力伸長は、どのようなものでしょうか。中学受験の場合、小学校6年生が受験します。入試直前の100日間も、まだまだ学力は伸びつづける点が特徴です。

そして、中学入試は、ほぼ100%入試の学力試験結果、つまり得点によって合否が決定されます。一見冷酷にも思えますが、きわめて公平で、中学受験が、他の入学試験と比べて最も公平な入試制度だといわれる理由でもあるのです。

ですから、この「あと100日」の期間をつうじても、受験生はあくまで学力の向上をめざして努力することが大切です。そのために合理的な学習方法を工夫し、入試での得点力を培っていきましょう。

具体的には、「これまでの学習の総まとめ」と「入試での実践的な得点力向上」の2点があげられます。

小学校6年生ですので、ひと通り学習はしたものの、学習内容や各項目の相互関連などが自分のなかで整理されていないために、具体的な問題に対したとき、解答にいたることができなかったり、ミスをしてしまうことがあります。

これは、いわゆる学力不足とは異なり、学んだ内容をまとめて整理してみることで得点につながるものです。「総まとめ」を計画的に実践することが大切です。

そして、培った学力が入学試験問題を解答していく過程で発揮できるような、入試実践力をつけていくことが求められます。入学試験問題は、総合的な学力を試すことが目的となっているため、それぞれの設問において入試に対応した実践的な学力養成を心がけましょう。

効果的な「過去問」演習で得点できる実践力をつける

この「総まとめ」と「実践力」をつけていくために欠かせないのが、各中学校において過去に実施された入学試験問題（以下、過去問）の研究です。

中学入試の場合、学校ごとに設問の形式、解答方法、難易度など傾向が著しく異なります。同じレベルの学力を有していても、出題傾向を熟知している受験生と、初めて問題に接した受験生では、得点に大きな開きがでてしまいます。

志望校の過去問を一定年数ぶんこなしておくことは、合格を勝ち得るために必要なことです。出題内容についての知識や解法の基礎は身についていても、出題傾向に不慣れなために得力に結びつかず、模擬試験などで合格可能性が80%以上の高い数値がでているにもかかわらず、過去問を解いた結果が合格最低点に遠くおよばないということもよくあります。

受験スキルの一環としてとらえたとき、合格答案作成のテクニックともいえます。ただし、小手先の技巧的なものではなく、それぞれの出題傾向に対応した解答力という意味であり、基礎学力をベースにした「合格力」ともいうべきものです。「あと100日」の期間においては、この「合格力」を過去問演習をつうじて培い、過去問を解いたあとの復習をつうじ、「総まとめ」していくことが「合格力」につながります。

「合格力」という言葉は、あまり聞き慣れない造語だと思いますが、受験生がけなげな努力を重ねて挑戦する中学受験において結果としての合格をめざす以上、合格するために必要なものを総合して「合格力」と呼べるのではないでしょうか。

そして、この「合格力」は周囲のご家族、とくに保護者のみなさんがじょうずに協力してあげることで伸ばしていけるものでもあります。この「100日」が、その「合格力」伸長の絶好機でもあるのです。

「過去問」の入手について

志望校の過去問は、多くの学校のものが複数の出版社などから、過去数年ぶんを所収した問題集冊子として市販されていて、書店などで入手することが可能です。さらに、市販されているものであれば、インターネットなどで購入することもできます。

しかし、学校によっては出版社からは刊行されていない場合もあります。こうした学校については、各校の学校説明会や学校受付窓口などで過去問が頒布されたり配付されています。各校に過去問についてたずねてみるといいでしょう。

ただし、出版社から刊行されている問題集には解説・解答が付されていますが、各学校が頒布・配付されるものについては、解説・解答はないこともあります。

一般に市販されている過去問集は、過去3年から5年ぶんの問題が収録されています。ふつうは、この3〜5年間ぶんを学習すれば、準備としては、じゅうぶんといえるでしょう。

ただし、受験校は1校のみではなく、併願校の過去問にもあたることが重要です。まだ受験校が決定していない段階においても、受験を考えている学校の過去問は早めに入手するようにしたいものです。

「合格力」をつける過去問演習 〜7つのポイント〜

①過去問演習は計画的に

「過去問を解く」ことは、時間がかかります。標準的な試験時間で考えてみましょう。算数・国語各50分、理科・社会各30分としても計160分、短い休憩をはさむと3時間以上もかかる計算となります。

過去問演習は、原則として各家庭でやりますので、休日などの比較的時間のあるときに、1日に1校ぶんか、せいぜい2校（もしくは2年ぶん・2回ぶん）が限度といえるでしょう。過去問は解くだけではなく、後述するように解いたあとの復習と総まとめが大切ですから、問題を解く時間に加え事後の学習時間も考えておく必要があります。

したがって、過去問は計画的にこなす必要があります。どの時点で、どのように取り組んでいくかをプランニングしておきましょう。

ぜひ、解答したあとの学習時間も用意しておくような計画を立ててください。

②時間を正確に計測し 解答用紙にも注意しよう

過去問演習は、実際の入試を想定してやってみましょう。とくに解答時間は大切です。「もう少し時間があればできた」という場合もあるでしょう。

でも、与えられた時間内で、どう合格点を獲得するかが入試ですので、時間は正確に計測して実施することを基本としてください。

そして、時間の計測は保護者のかたが担当し、受験生ご本人は実際の入学試験場で用いる腕時計などで時間配分を意識して解答するといいでしょう。保護者のかたは、ストップウォッチやキッチンタイマーなど一定時間を計測しやすいものを用意しておくと便利です。

そして、問題演習中は、トイレなどに立つことがないようにします。実際の入試になるべく近い状況を想定して練習することが、「合格力」養成につながります。

また、科目ごとの休憩中にテレビを見たり、ゲームをしたりすると緊張感に欠け、本来の「合格力」をつけていくことはむずかしくなってしまいます。あらかじめ決めた休憩時間を守るようにしてください。

さらに過去問演習において留意していただきたいのが解答用紙のサイズです。市販されている過去問集では、書籍サイズの関係から解答用紙が実際のサイズより縮小されて掲載されている場合がほとんどです。

内容的には同じでも、サイズの違いが解答段階において影響することも少なくありません。たとえば、算数で途中式や考え方、図なども記入する問題では、解答欄の広さによって答えを書く内容にちがいがでてきます。

また、国語の記述解答で字数制限が指示されずに一定の解答欄に答えを書く場合には、実際の解答用紙のサイズでないと文字量や文字の大きさとしてどのくらいが適切かがわかりません。

そこで、すべての過去問演習ではないとしても、記述解答が多い学校の入試問題などについては、解答用紙部分を実際のサイズに拡大コピーして利用するようにすることをおすすめいたします。

時間の計測、解答用紙サイズなども含め、実際の入学試験を想定しての準備をしていくことで、「合格力」を高めていきましょう。

③過去問を解いたあとの復習で力を伸ばす

問題を解いたあとの採点は、保護者のかたが担当していただきたいと思います。この際、ちょっとしたミスだから、オマケして○、ということは避けましょう。実際の入試における採点と同等の厳格さをもって採点するようにしたいものです。小さなミスでも、入試では減点されてしまいます。練習から厳格に対応していくことで、実際の入試でのつまらないミスを防止することになります。

採点したあとは時間をおかずに内容を確認するようにしましょう。その際、大切なことは得点ばかりを気にしないことです。満点をめざしたいという気持ちは理解できますが、入試で「満点は必要ない」のです。

中学受験では、ほとんどの学校で、正解率60～65%程度で合格圏に到達することができます。この合格最低点に到達するためには、「受験生の多くが正解」している問題で得点すればいいのです。よくいわれる「差がつく問題」は総受験者の2～3割しか正答していないむずかしい問題で、これは解けなくても合格圏に入ることが可能なのです。

このことは、過去問演習を終えたあとの復習に活用できます。いわゆる難問ができなくても、気にすることなく、多くの受験生が正答しているような基礎・基本問題で確実に得点できているかどうかを確認していくことが、本来の「合格力」をつけることにつながります。

時間の効果的な活用という面からも「やさしい問題」で確実に得点できるようにすることと、そうした問題の復習に力を入れて得点力を高めていきましょう。

④「2段階採点」を活用し得点力につなげていく

厳格に採点しつつ、一方で、受験生を励ましながら得点力が向上するような「2段階採点」方法をご紹介します。

1回目は赤ペンで実際の入試と同等の厳格さをもって採点します。つぎに、たとえば緑色のペンで2回目の採点をします。この2回目の採点は、単純なケアレスミスや転記のミス、ささいな誤字などの部分で得点できなかったところを○として加点した採点をしてみます。

失点した部分のなかで、どこがケアレスミスであったのか、そして、その失点がなければ得点はどうだったのかを具体的に認知するきっかけとするために、この2回目の緑色ペンでの採点を活用してください。

たんに「つまらないミスをしないようにしよう」とアドバイスしたとしても、現実味に欠け、なかなかミスの減少にはつながらないものです。しかし、緑色ペンで失点箇所が明示され、結果としてミスをしなければ得点できたことが理解できれば、「このつぎにはミスしないようにしよう」という意識が自然に芽生えてきます。

けっして、受験生を甘やかすのではなく、ミスをしないことがいかに大切かを具体的に指示しつつ、励ましていくことにもつながります。

⑤過去問の復習は短時間で速やかに

問題を解くだけでなく内容の復習が大事です。失点した部分を見直し、どこで、なぜ誤ったのかを復習することを心がけましょう。

この復習は、あまり完璧を期すことなく、基礎・基本部分で誤った部分やケアレスミスが原因で失点したところを短時間で見直すことを中心としてください。問題を解くだけでも、すでにかなりの時間を経過しているはずですが、この復習や見直しは、解いてからあまりに時間が経過したあとでは、その効果も期待できなくなるばかりでなく、改めて解き直す時間が必要になるなど非効率になりがちです。

この復習・確認過程では、覚えておくべき事項をテキストで確認してマーカーでマークするなど短時間で、さっと行えるような方法をおすすめします。あまりに念入りな復習にこだわってしまうと、つぎの過去問演習がしにくくなったり、時間効率が落ち、全体としての学習に支障がでてしまうからです。

⑥「復習ノート」をじょうずにつくっていこう

基礎・基本に属する過去問で、何回もまちがえたり、必須事項のなかで落としていたと思われるものについてまとめた「復習ノート」をつくってみましょう。形式にこだわる必要はありませんが、短時間に作成でき、作成したノートを後日、再び確認しやすいものにしましょう。

多くの合格者が効果的であったのは、ノートを見開きで使用し、左側ページに問題、右側ページに解法と解答を記入して一覧できるようなノートです。問題を書き写したりする必要はなく、コピーを貼りつけるなど、短時間でノートがつくれる工夫をしましょう。

この見開き「復習ノート」の利点は、後日、このノートの右側に下が透けない紙をおいて解き直すことで、自作の問題集になることです。基礎・基本を中心として、自分が一度誤った問題を解き直すことができますから、次回以降に同様のミスを防止できます。

⑦過去問演習をつうじてモチベーションのアップを

こうして計画的に過去問をこなしていくことで、着実に得点力がついていきます。そして、事後の復習を心がけながら、効果的に総まとめができるようになります。採点による得点が気になることもあるでしょう。しかし、点数はあまり気にしないように、ご家庭のみなさんがアドバイスし、励ましていただきたいと思います。

計画を立てて過去問をこなしていく事実そのものが、じつは合格に1歩近づいていることなのです。

「何年ぶんを演習した」「復習ノートをつくってまとめた」という小さなことであっても、それを意識することでモチベーションをアップすることにつなげていってください。

過去問演習の計画表をつくってみたり、終わったものを傍線を引いて消していくというような目に見えるかたちにすることも、モチベーションをあげる有効な方策となります。どうか、ご家庭のみなさんのご協力によって、つぎへの「やる気」をだせるようなアシストをお願いしたいと思います。

【生活編】

「朝型」への移行で体調管理を心がけよう

一般に入学試験は、朝から午前中にかけて実施されるのがふつうです。近年は、午後入試という試験形式も多くはなっていますが、それでも、午前中に他校を受験して、午後からの受験である場合が多いのではないでしょうか。

ですから、計画的に身体と頭を「朝型」に移行していくようにすることが大切です。いつから朝型への移行をするかは、個人差もあろうかと思いますが、急激に変化させるのは無理がともなってしまいます。遅くとも1カ月以上前から徐々に慣れていくようにしたいものです。

入試は厳寒期に実施されます。そして、その1カ月前も冬の寒い時期です。朝の寒さがつらいときでもありますので、少し早めの時期から、ある程度の日数をかけて早起きを心がける方が負担が少ないともいえます。可能であれば、秋から少しずつ就寝時間を早め、朝早く起きる習慣をつけていくのがいいでしょう。

この朝型への移行については、たんに朝早く起きるだけではなく、朝起きてから頭を働かせる訓練も同時に実践することが大切です。簡単な計算問題を解くとか、理科や社会の確認事項を覚える、漢字の練習をするなど、20〜30分以内で終了できるような学習テーマをあらかじめ予定しておき、朝起きてから、短時間の学習をするようにしたいものです。そして、一定時間以上が確保できる早起きができるようになったのであれば、過去問の演習を少し入れてみるのも有効でしょう。

せっかく朝、早起きをしたとしても、「さて、なにを勉強しようか」と悩んでいるのでは、あっという間に時間だけが経過してしまいます。夜寝る前から、翌朝の学習予定事項を確認しておき、机の上にその教材を用意して床につくというようにできれば理想的でしょう。

「合格」を具体的にイメージしていこう

「あと100日」という時点から、全力で入試に向けてがんばろうとしても、やはり100日という期間は、それなりに長い日々ともいえます。その間には、どうしても、やる気がでない、なんとなく調子が悪いというスランプ、もしくは中だるみしてしまうことも、よくあります。

こうした場合、なにより受験生への励ましや支えとなるのは、ご家族の言葉です。まだ12歳の少年少女が競争試験という厳しい現実と直面しなければならない中学受験です。

合否という結果がともなうものでもあり、受験しない人も多いなかで努力していくことは酷な側面も確かにあるでしょう。しかし、そうした受験の厳しさは、なにも自分だけが経験していることではなく、ほかの受験生も同じように感じていることです。そして、そうした不安を乗り越えて努力していくことに、受験することの真の意味があるともいえるでしょう。

ご家庭においては、「不合格だったらどうしよう」というようなうしろ向きな思考ではなく、「いま、がんばって合格したら、こんな中学校生活が待っている」「○○中学校に入ったら、なにができるだろうか」という明るい未来をイメージできるような会話をつうじて受験生を励ましていただきたいと思います。

ご家族は受験生にとって、最も信頼でき、頼ることができるサポーターです。勉強するのは受験生本人ですが、それを支えていくご家族の力は、想像以上に大きなものがあるのが中学受験の特徴です。

この中学受験に全力でのぞんだという経験は、ご本人にとって、かならずよい結果として残るものでもあります。「あのとき、苦労はしたけれども中学受験をしてよかった」という人は、非常に多くいます。そして、だからこそ多くの人が、中学受験にがんばろうとしているのです。

明るい未来を信じて、受験生も、そして保護者のみなさまも、充実した「あと100日」を過ごし、「合格力」を高めてそれぞれの志望を実現されることを、心よりお祈り申し上げます。

求めなさい そうすれば与えられる
探しなさい そうすればみつかる
門をたたきなさい そうすれば開かれる
(マタイ7章7節)
Misono Jogakuin Junior & Senior High School
MISONO
学校説明会 ※予約不要
11月24日(月・祝) 9:30~11:30(予定)
6年生対象過去問題勉強会
小学生対象体験入学
12月14日(日) 9:30~11:30(予定)
面接シミュレーション
体験入学
親子校内見学会 ※要予約
(5年生・6年生の親子限定)
10月25日(土) ① 9:00~10:30
② 11:00~12:30
授業見学会 ※要予約
11月・1月・2月
(各月1回予定、1月は6年生および6年生の保護者限定)
聖園祭(文化祭)
9月20日(土)・21日(日)
〈予備日・22日(月)〉
教員・保護者・在校生による入試相談コーナーあり
クリスマスタブロ ※要予約
12月20日(土) 14:00~15:30(13:30開場)
生徒による聖劇上演
2014年3月卒業生の46.9%が国公立・早慶上智・GMARCHに合格
聖園《みその》女学院 中学校 高等学校
〒251-0873 神奈川県藤沢市みその台1-4
TEL.0466-81-3333 http://www.misono.jp/

「自然・生命・人間」の尊重

●入試説明会

10月20日（月）14：00～15：10

10月21日（火）14：00～15：10

会場：本校　第一体育館アリーナ

※予約は、9月1日からです。

※募集要項及び願書一式を配布します。

※上履きは不要です。

●学校見学会

9月20日・27日　……予約受付開始：8月1日

10月11日　……予約受付開始：9月1日

11月1日・8日・22日・29日　予約受付開始：10月1日

※　原則として土曜日10：00開始です。20名～30名単位で、係の者が校内施設をご案内いたします。

※　所要時間は約50分です。

※　上履きは不要です。

平成27年度　生徒募集要項（抜粋）

	前　期	後　期
募集人員	男女250名（帰国生若干名含む。人数は特に定めない。）	男女計20名（帰国生若干名含む。人数は特に定めない。）
入試日	1月21日（水）	2月3日（火）
入試科目	国語・算数・理科・社会	
合格発表日	1月23日（金）	2月4日（水）

東邦大学付属東邦中学校

〒275-8511　習志野市泉町2-1-37

TEL 047-472-8191（代表）

FAX 047-475-1355

www.tohojh.toho-u.ac.jp

開智未来中学・高等学校

23年4月埼玉県加須市に開校

4期生140名入学

第2ステージへ「T未来クラス新設」

開智学園の教育を開発する

開智未来は、これまで開智学園が積み上げてきた教育の成果の上に、さらに「知性と人間を追究する進化系教育開発校」として、新しい教育実践を開発して子どもたちを伸ばし、その成果を地域および全国に発信し社会に貢献する学校を目指します。

ハイクオリティーな教育の開発として、校長自らが6年間指導に当たる哲学の授業、中1の里山フィールドワークや中3の琵琶湖沼《こしょう》フィールドワークなどの環境未来学、未来型知性を育成するICT教育、コミュニケーション型知性を育む学び合い、東大ゼミなど知性を磨く早朝ゼミなどを実践しています。

また、グローバリゼーションをキーワードに、英語速読講座やTゼミなどを開講、中2のブリティッシュヒルズ英語合宿、高2のワシントンフィールドワーク、希望者によるカリフォルニア大バークレー校への次世代リーダー養成研修およびオーストラリアやニュージーランドへの海外教育研修などを通じ、「国際社会に貢献するリーダー」を育てます。

「長野県飯山での里山フィールドワーク」

T未来クラス1期生入学

開校4年目を迎えた開智未来では、埼玉県の広域と隣接する栃木県・群馬県・茨城県から、また千葉県・東京都から入学生が集結し、「関東の新鋭一貫校」として地域の注目を集めています。

「T未来・未来クラス」は、より質の高い集団でより質の高い授業を行い一人一人の能力をさらに伸ばすことを目的としたクラスです。東大を始めとする旧帝大、早慶等、最難関大学進学を目指します。「開智クラス」は、開智未来の充実した教育により一人一人の実力を確実に、そして、ていねいに育てるクラスです。国公立大学、難関私大進学を目指します。また、学年ごとにクラスの入れ替えを行います。

4期生は募集定員135名に対し140名が入学、T未来クラス1期生を迎え入れ、より意識の高い集団で、「T未来プロジェクト」を実践します。

T未来クラスは、朝のホームルームで英語を積極的に活用し、中学2年で英検2級の取得を目指します。全員参加のワシントンフィールドワークのほか海外教育研修や次世代リーダー養成研修に希望者は参加でき、グローバルな学びを体感します。また、数学の中学1年からの「プルアップ講座」をはじめ、中学2・3年に実施する校長の「東大ゼミ」、高課程

■学校説明会

9月13日(土)	9:00～9:50	公開授業
	10:00～11:00	学校説明会
	11:05～11:55	学びのサプリ

■体験授業（予約制）

9月28日(日)	9:30～12:00	体験授業2コマ&学びのサプリ

■T未来説明会 ※「T未来クラス」に焦点をあてた説明会

10月25日(土)	9:00～9:50	公開授業
	10:00～11:00	学校説明会
	11:05～11:55	学びのサプリ

■入試対策講座

10月12日(日) 11月23日(日)	10:00～11:25	入試問題解説
	11:30～12:00	学びのサプリ
	12:00～12:30	ミニ説明会

※加須駅・栗橋駅よりスクールバスを運行します。（時刻表はHPで確認してください。）
自家用車での来場も可能です。上履きを持参ください。

での「最難関大学受験講座」・「Tゼミ」など、他校にはないハイクオリティーな教育を準備しています。

４つの知性を育てる開智未来の教育

最難関大学合格を可能にする学力、そして、生涯にわたって発揮される学力を育成するために「４つの知性の育成」を謳っています。４つの知性とはＩＣＴ活用力などの未来型知性、里山フィールドワークや琵琶湖湖沼フィールドワークなど体験や行動を重んじた身体型知性、暗誦教育に代表される伝統型知性、そして、対話的授業や生徒どうしの学び合いによるコミュニケーション型知性で、それらの知性をバランスよく磨き上げる授業を目指しています。

学びのスキルを鍛え志を育てる教育の徹底

６つの授業姿勢を徹底し、３つの学びをバランスよく行います。

６つの授業姿勢とは、「①授業のねらいを確認する、②主体的にメモを取る、③授業に参加する・反応する、④明瞭な発声・発言・発表をする、⑤意欲的に質問する、⑥学習したことを振り返る」です。開智未来では「ねらい、メモ、反応、発表、質問、振り返る」を暗唱して全員がすべての授業でできるようにしています。

また、生徒が伸びるためには「教わる」「自ら学ぶ」「学び合う」の３つの学びをバランスよく行うことが大切です。そこで、授業の中に「自ら学ぶ（思考させる）」と「学び合い」を適度に、適切に取り入れます。

関根校長の哲学の授業

開智未来では、関根校長自らが週1時間、「哲学」の授業を行っています。「人間が育つから学力が伸びる、学力が伸びるから人間が育つ」というサプリの考えに基づき、６年間を通して、「学びのスキル」や「人のために学ぶ志」を育てます。

校長は東京大学で教育哲学を学び、公立高校教員となり51歳で校長の職を辞して開智高等学校校長を2年間務めた後、開智未来中学・高等学校の校長となりました。

毎回の説明会で実施している「小学生サプリ」を体験し、「開智未来で校長先生の哲学を勉強したい！」という小学生も多くいます。

朝の学びは開智未来の文化

開智未来の生徒たちは自主的によく学びます。特に朝の始業1時間前には多くの生徒が登校しそれぞれ朝学習を始めます。

大教室の「アカデメイア」では関根校長と机をともに朝から独習する生徒たちが毎日１００名以上集います。ルールは一つ、物音を一切出さないことです。

「関根校長自ら行う哲学の授業」

また校内にはオープンスペースの職員室があり、わからないことは気軽に先生に質問できます。廊下や玄関にも机があり、友達同士机を並べて学習する生徒たちや、「学びあい」をする生徒たちが集まります。

さらに、「東大ゼミ」・「Tゼミ」・「英語速読講座」・「未来ゼミ」・「飛躍プログラム」などを関根校長と教科や学年が実施し、「開智未来の朝」が始まります。

偏差値10アップのサプリを説明会で実施

開智未来では、「育てる生徒募集」という取り組みを行っています。昨年は説明会や各地域で１３０回を超えるサプリを実施し、小中学生と保護者の方および教育関係者の方に、校長自らが開発した「小学生サプリ」・「親子サプリ」・「受験生の親サプリ」等を体験していただきました。今後も学校説明会、入試問題解説会、クリスマスサプリと、その時期にふさわしい内容を準備しています。「伸びたい生徒、伸ばしたい教員、伸びてほしいと願っている保護者の気持ちが1つになった学校」それが開智未来のスローガンです。

グローバルな視野をもつ『探究女子』を育てる

思考力教育・進学力教育・国際力教育・美の教育・心の教育の5教育で
グローバルな視野をもち、クリエイティブに問題解決できる
「探究女子」を育てます

■学校説明会

9月13日（土）14:30〜	生徒が語るトキワ松
10月22日（水）19:00〜	校内見学
10月26日（日）14:00〜	校内見学
11月21日（金）10:30〜	授業見学
12月 6日（土）10:00〜	適性検査型入試説明会
12月23日（祝）14:00〜	入試体験
1月10日（土）14:30〜	算数勉強教室
1月24日（土）10:00〜	授業見学

＊HPまたは電話にてご予約ください。
＊各回個別相談、校内見学があります。

■トキワ祭（文化祭）

9月27日（土）10:00〜
9月28日（日）10:00〜

＊個別相談コーナーがあります

☆随時学校見学をお受けしています。
事前にお電話ください。

トキワ松学園中学校高等学校

〒152-0003　東京都目黒区碑文谷 4-17-16
tel.03-3713-8161
●ホームページアドレス　http://www.tokiwamatsu.ac.jp
●東急東横線「都立大学駅」より徒歩８分
● JR 山手線「目黒駅」よりバス12分・碑文谷警察署より徒歩1分

「トキログ！」で学園の
様子がご覧になれます。

田園調布学園中等部・高等部
3つの特色

1 真の学力育成
～アクティブ・ラーニングの実践～

生徒自ら考え、表現するアクティブ・ラーニングを取り入れ、生徒の主体的な問題発見・解決能力を養う授業を展開しています。
また、全教室に設置された電子黒板等ICT機器を積極的に活用し、生徒の興味・関心を引き出して学ぶことの楽しさを体験させます。

2 教養
～キャリア教育の一環として～

年間12回の土曜日に、「生きるための真の教養を養う」ことを目標とするプログラムを設定しています。生徒は自身の関心に合わせて160以上の講座から選択します。多くの分野の専門的な知識に触れ、広い視野を身につけることができ、自らの将来を考える機会ともなっています。

3 他と調和を図れる人間性
～「国際人」を目指して～

6ヵ年の体験を重視した教育活動を通して、生徒の思考の対象は自己から他者、そして社会へと拡大していきます。
語学力を伸ばすことはもちろん、その先にある真の「国際人」として、グローバル化する社会で必要不可欠な力を養います。

http://www.chofu.ed.jp

〒158-8512 東京都世田谷区東玉川2-21-8 Tel.03-3727-6121 Fax.03-3727-2984
＊東急東横線・目黒線「田園調布」駅下車 〉〉 徒歩8分 ＊東急池上線「雪が谷大塚」駅下車 〉〉 徒歩10分

学校説明会日程

9月13日(土) 12:00～
10月23日(木) 10:00～
10月29日(水) 19:30～ (予約制)
12月 6 日(土) 10:00～ *6年生対象
12月12日(金) 19:30～ *6年生対象(予約制)

オープンスクール

9月13日(土)9:00～15:00
土曜プログラム見学・クラブ見学
10月23日(木)9:00～15:00
授業見学

公開行事

なでしこ祭 9月27日(土) 9:30～
9月28日(日) 9:00～
体育祭 10月11日(土) 9:00～
定期音楽会 1月21日(水)

中等部入試

	第1回	第2回	第3回	海外帰国子女
試験日	2月1日	2月3日	2月4日	12月20日
募集定員	100名	80名	20名	若干名
試験科目	4科・面接			2科(算・国)面接

＊予定は変更となることもありますので詳細はＨＰにてご確認下さい。

柏市 | 千葉 | 共学校

二松學舎大学附属柏中学校

Nishogakusha University Junior High School

『伝統と革新』未来を拓《ひら》く学舎《まなびや》がここに

二松學舎137年の歴史に、新たな１ページを刻んだ附属柏中学校の開校。質の高い教育を展開し、注目を集めています。2015年４月グローバルコースを開設し、充実の３コース制となります。

温故創新《おんこそうしん》
～世の中の役に立つ人材の輩出

二松學舎の歴史をひもとくと、日本近代文学の父と言われる「夏目漱石」、明治の思想家「中江兆民」、内閣総理大臣になった政治家「犬養毅」、女性解放運動家「平塚雷鳥」など、そうそうたる文化人たちがこの学舎に集いました。

建学の精神である「一世に有用なる人物（社会のために貢献できる人物）を養成する」ことを目指し、伝統を守り大切にしながら、常に革新を続けています。「温故創新」とは、中学校開校にあたり、二松學舎の信念を力強く表した言葉なのです。

『論語』とタブレット
～人間教育は「論語」を柱に

「己を修め、人を治め」。二松學舎大学附属柏の人間教育の根幹として、中学校から「論語」教育を行います。「論語」は、今から２５００年も前に中国で著された書物ですが、今日においてもなお多くの人々を惹《ひ》きつけています。それは時代を超え、国を超え、普遍的な人間の生き方、心について、真摯《しんし》に追究しているからではないでしょうか。

二松學舎大学附属柏では、「論語は生徒の生きる力、人間力を高める最良の素材」という考えの下、オリジナルテキストを用い、６年間かけて学びます。

また、来年度より全員にタブレットを持たせます。

具体的な利用法・メリット

★授業
- 板書によるタイムロスの軽減
- 実験時のデータ処理、動画での手順の確認
- 授業内容のまとめをデータ化・配布
- 生徒個人の興味に合わせた教材利用
- ライブラリー

★学校生活
- スケジュール・目標の管理
- 校外学習における調査、資料・データの活用
- 連絡事項・課題の共有
- 多様なコミュニケーションの場の設定
- 進路の手引き

タブレットの導入目的

◆グローバルな時代を見据え、教育目標の「社会への関心を高め、豊かな国際性を身につける」を目指す。

◆時代のニーズであるICT（Information Communication Technology：情報通信技術）による「自問自答」で、力を発揮できる人材の育成。

学校説明会（※のみ要予約）

10月 5日（日）	9:30～11:30
※10月18日（土）	9:30～11:30
※11月 1日（土）	9:30～11:30
11月24日（祝）	9:30～11:30
12月 6日（土）	14:00～16:00
12月20日（土）	14:00～16:00

松陵祭（学園祭）

9月20日（土）	10:00～15:30
21日（日）	10:00～14:30

個別相談会

10月31日（金）	18:00～20:00 クレストホテル柏
12月24日（水）	10:00～13:00 柏そごう
1月10日（土）	10:00～12:00 本校

School Data

二松学舎大学附属柏中学校

■所在地／千葉県柏市大井2590
■アクセス／柏駅・新柏駅・我孫子駅からスクールバス
北総線ルート（印旛日本医大→印西牧の原→千葉ニュータウン→小室→学校）も運行
■TEL／04-7191-3179
■URL／http://nishogakusha-kashiwa.ed.jp/

2015年「グローバルコース」開設

「特選」と「選抜」に加え、2015年度より「グローバルコース」がスタートし、3つのコース制となります。「グローバルコース」では世界の現状に対する理解や価値観に対する適応力を、各教科を通じて学びます。それぞれのコースでは個を尊重し、一人ひとりの学びを深めていきます。

●きめ細かな学習サポート

毎日8時15分から25分間、授業の前に『モーニングレッスン』（英語・数学・論語）を行います。教員手作りの英語・数学の確認ドリル・小テストが実施され、合格ラインに達しない場合は、放課後に追試、補習を行います。

また、家庭学習の習慣・継続化、主体的に学習に取り組む姿勢の確立のために、『365《さんろくご》ノート』を取り入れています。自らがその日に必要な課題を考え、1日1ページ以上家庭学習を行います。

多彩な体験教室

二松學舍大学附属柏では、いろいろな体験教室を通じて「自然環境・社会環境・国際情勢」を考え、自然との共生、集団生活の基礎、日本の文化や風俗習慣などを学びます。体験に裏付けされた「知恵」と幅広い「視野」を身につけ、「自問自答」の力を養います。

◆雪の教室

福島県で3泊4日のスキー研修を実施します。講習はスキー経験の度合いに応じて実施しますので初心者でも安心です。

◆沼の教室

施設見学や大学教授による特別講義で、学校近隣にある手賀沼の生態系や水についての理解を深めます。

◆田んぼの教室

中2で田植えから稲刈りまでを体験します。

◆都市の教室

首都・国際都市東京の歴史や文化、政治や経済、環境について考えます。博物館見学や歌舞伎鑑賞を行い、スカイツリー開業日に展望台にも上がりました。

◆古都の教室

中2で京都・奈良を訪れます。

◆海外研修旅行

中3で海外の研修旅行に行きます。

恵まれた教育環境

春には敷地内の101本の桜が満開になり、グラウンドは東京ドーム約3個分の広さがあり、体育館はバレーボールコートが6面取れる広さを誇り、冷暖房完備で、式典や文化祭にも利用されます。

平成27年度 中学入試日程

		日時・募集人員	入試区分	試験科目
第一志望入試		12月1日（月）午前 （約30名） （帰国子女は若干名）	〈選抜コース〉 第一志望生 帰国子女生（詳細は右をご覧ください）	国語、算数、面接 （面接は受験生のみ）
一般入試	第1回	1月20日（火）午後 （約50名）	〈グローバルコース〉 〈特選コース〉 〈選抜コース〉 特待生選考（グローバルコースより選考）含む	各コース共通 国語、算数、理科・社会 （グローバルコースのみ、理社か英語を選択可能）
	第2回	1月24日（土）午前 （約20名）	〈グローバルコース〉 〈特選コース〉 〈選抜コース〉 特待生選考（グローバルコースより選考）含む	各コース共通 国語、算数、理科・社会 （グローバルコースのみ、理社か英語を選択可能）
	第3回	2月4日（水）午後 （若干名）	〈グローバルコース〉 〈特選コース〉 〈選抜コース〉	各コース共通 国語、算数

12月1日（月）第一志望入試導入

平成27年度入試においても、第一志望入試を実施します。国語と算数は基本的な問題を出題し、受験生のみの個人面接を行います。選抜コースのみの募集で、合格者はこの合格を保持したまま、1/20以降の入試で別コースへチャレンジすることができます。

特待生制度

1/20と1/24の入試で、グローバルコースの上位合格者に特待生を出します。

豊かな心
確かな力
信頼ある進学実績

「品格」のある「知性の高い」子女を育みます。

■ **学校説明会**（予約不要）

第7回	第8回	第9回	第10回
10/30(木) 10:30	11/12(水) 10:30	12/16(火) 10:30	1/16(金) 10:30

■ **入試問題対策会**（予約不要）

第1回	第2回
12/6(土) 10:30 ※2科4科選択・公立一貫型	1/6(火) 10:30 ※2科4科選択・公立一貫型

■ **個別相談会**（要予約）

11/29(土) 9:00~15:00

■ **学園祭**

10/4(土)・5(日) 10:00~15:00

※個別相談コーナーあり。

■ **2015年度　中学校募集要項概要**

	第1回 リーディング選抜	第1回 アドバンスト選抜	適性検査型入試A	第2回 リーディング選抜	第2回 リーディング選抜	第3回 リーディング選抜	適性検査型入試B
入試日	午前	午後	午後	午前	午後	午前	午後
	2/1(日)	2/1(日)	2/1(日)	2/2(月)	2/2(月)	2/3(火)	2/10(火)
募集人員	60名	15名	20名	10名	10名	10名	5名
試験科目	2科4科選択	2科4科選択	適性検査Ⅰ 適性検査Ⅱ	2科4科選択	2科4科選択	2科4科選択	総合問題 (計算+作文)

※毎回の試験の得点により、特待生S,特待生A、特待生B、特待生Cを選出します。

CJ CHIYODA

千代田女学園 中学校 高等学校

〒102-0081 東京都千代田区四番町 11 番地　電話 03（3263）6551（代）
●交通＜JR＞市ヶ谷駅・四ツ谷駅（徒歩 7～8 分）
＜地下鉄＞四ッ谷駅・市ヶ谷駅（徒歩 7～8 分）／半蔵門駅・麹町駅（徒歩 5 分）

http://www.chiyoda-j.ac.jp/

系列の武蔵野大学へ多数の内部進学枠があります。

富士見中学校

『東北復興Studyツアー』

「復興って何だろう？」生徒達が自ら企画したこのツアー。
同世代と話し合うことで、今まで知らなかった自分を見つけます。

『東北復興Ｓｔｕｄｙツアー』の概要

富士見中学高等学校は、２０１１年の東日本大震災以後、毎年夏休みに希望者を募り「東北ボランティアツアー」を行ってきました。生徒が自分の目で被災地の状況を見ることで、今自分に何ができるか、これから何を学び、どんな行動を起こせばいいのかを自ら考えて欲しいと考え、この企画を実施してきました。そして平成26年度は、このツアーを**『東北復興Ｓｔｕｄｙツアー』**と称して、高校生徒会主催で行うことになりました。

8月18日～19日の1泊2日で、陸前高田市の広田町を訪問します。この企画は、学校側から依頼されたわけではなく、昨年、一昨年にボランティアツアーに参加した生徒達が自主的に立ち上げた企画です。被災地でのボランティア体験や地域住民との心温まる交流を経験し、今自分にできる行動は何かと考えた結果が、この企画の立ち上げとなりました。

今回の東北復興Ｓｔｕｄｙツアーのテーマは、「**復興ってなんだろう？～今、一歩をふみだそう～**」です。生徒会自ら被災地で活動するボランティア団体にアンケート調査を行い、被災地において現在最も求められているものは何かを探ることから始めました。その調査から、現地の方々が今一番欲しているのは、身体を動かすボランティアではなく、東北の現状をよく知ること、そしてこの震災を忘れないことが一番重要だと分かりました。

それを踏まえ、今回のツアーでは、ただ震災について知るだけではなく、自分が見て感じたことや地域で抱える問題等を皆で話し合い、その意識を共有することを最大の目的としています。

以下では、生徒会の募集案内にあった言葉をご紹介します。

「復興が何か、私たちにも正確には分かりません。でも、夏休みに現地に行き、現地の状況を自分の目で見ること、知ること、考えることで今でしか感じられない何かがきっとあるはずだと思うんです」

ツアーレポートより

昨年の東北ボランティアツアーには、中高合わせて20人の生徒が参加しました。それぞれ貴重な体験をし、何か感じるものがあったのだと思います。

次にご紹介するのは、昨年のツアーに参加した中学3年生の、ツアーレポート（一部抜粋）です。

バスの窓から見える景色は、地平線が見えるのではないかと思うほど建物がなかった。あったとしてもその中は空っぽで、外にはお花が添えてあった。

私が今回のボランティアで学んだ一番大きなことは「復興」とは何か、ということだ。震災以来、復興という言葉を何度も耳にした。しかし、本当の復興とは震災前にあった町並みをもとに戻すことではなく、震災前よりも、もっと良い町にすることだと学んだ。そして、建物を建て直すことだけではなく、地域の人に小さなことでも役に立てれば、それも復興につながるのではないかと思った。

また、震災体験を語り継ぐことでこれからの未来にとても役に立つと思った。今回のボランティアの際に聞かせていただいた震災体験を、まずは私自身の身の周りの人に伝えていくことで当時の東北の様子を一人でも多くの人に伝えることができると思う。

このツアーで一番印象に残ったことは、今回関わることの出来た東北の方々が笑顔だったことだ。そして、その笑顔の理由の一つが今回私達の行ったボランティアであったら、行って役に立ったのだ、と胸を張って言えると思う。

この雑誌が発行される頃には、彼女と同じような体験をした生徒が何人も増えていることでしょう。富士見中学高等学校は、常に生徒に寄り添い、彼女達の人間力と総合力を高める手助けを惜しみません。

新校舎建設中！

富士見中学高等学校は、平成32年4月に創立80周年を迎えます。その記念事業として、富士見の教育が永きにわたり発展できる教育環境を整備するため、現在、中学・高校校舎の建替えを行っています。

平成27年7月に、中学・高校のクラスや学年ごとのワーキングスペース、3階の屋上部分を利用した富士見テラスなどが入る5階建ての東校舎が完成する予定です。仮校舎を設けず、現在使用している校舎をそのまま使用しながら新校舎を建設するため、他のすべての施設が完成するのは、平成30年7月の予定です。

来年度入学される皆さんは、新しい校舎を存分に使用して頂くことができると思いますので、ぜひ一度、富士見を見に来てください。

※画像はイメージです。

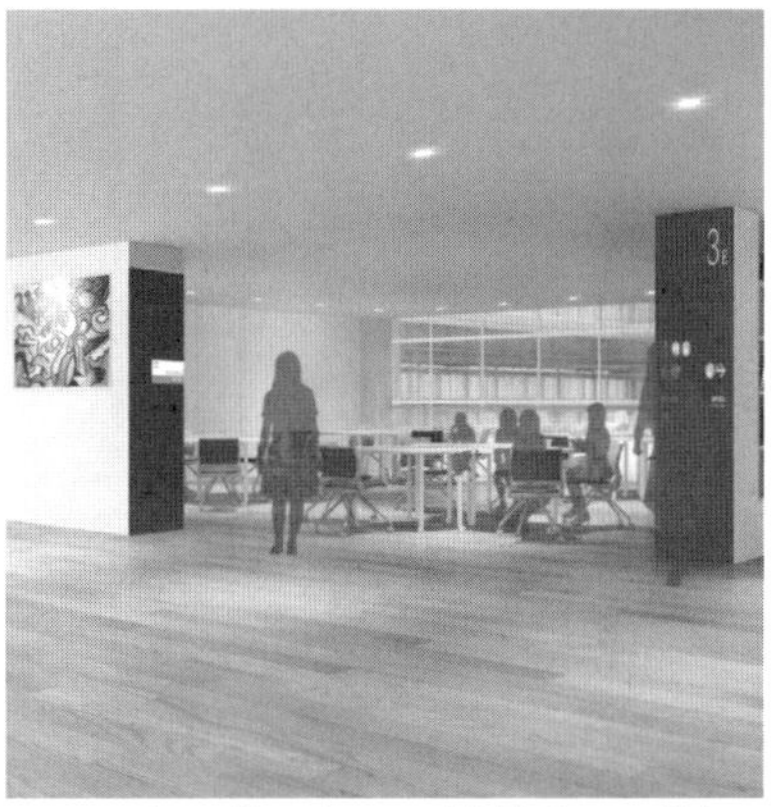

ワーキングスペース（東校舎3～5階）

富士見テラス（東校舎3階）

スクールデータ

東校舎（平成27年7月完成予定）

富士見中学高等学校

所在地　東京都練馬区中村北4-8-26

TEL. 03-3999-2136　**FAX.** 03-3999-2129

URL http://www.fujimi.ac.jp

志望校を決めるために

志望校選びのポイント

たくさんの学校があるなかから志望校を選ぶのは簡単ではありません。どのような観点から志望校を絞り込めばいいのか、そのチェックポイントをご紹介します。

ポイントNo.1

学校選びは多様な観点から判断しましょう お子さんが6年間を過ごす場所です

「中学受験」は、ご家庭の求める教育方針や、お子さんの性格に合った学校を選ぶことができます。

しかし、首都圏だけでも300を超える数の私立中学校が存在するなかから志望校を選ぶのは簡単ではありません。

そのため、「知名度があるから」「偏差値が高いから」といった一般的な評価や保護者の先入観をもとにして志望校を決めてしまうおそれがあります。

志望校を選ぶことは、中学受験において保護者がしなくてはならないとても重要な仕事のひとつです。

お子さんが中高の6年間という長く、そして非常に大切な期間を過ごす場所を選ぶのですから、わが子の「人生」に多大な影響をおよぼす選択と言っていいでしょう。

そのことをふまえて、保護者のみなさんには、一般的な評価や先入観を参考とするのではなく、多様な角度から学校を見て、シビアな目をもって慎重に学校選択にのぞんでいただきたいと思います。

ポイントNo.2

指標はたくさんあります 偏差値はあくまで判断材料のひとつです

実際に志望校を選ぶ際、大切なことはその学校がお子さんに合っているかという「適性」をしっかりと見ることです。

どの学校を選ぶかは、各ご家庭の事情によって、

「校風が本人の性格や家庭の価値観と合致しているか」

「男子校（女子校）か、それとも共学校か」

「入試で合格を勝ち取れるレベルまで学力が達しているか」

「通学にかかる時間は適当か」

など、チェックするポイントは変わってきます。つまり、こうしたなかで偏差値は、あくまでも志望校への適性を判断するためのひとつの指標だということです。

ですから、たとえばこれまでの模擬試験の結果や学校の偏差値だけでお子さんの学力を判断し、志望校を決めてしまうとなると、あくまでも指標のひとつにすぎないはずの偏差値が、志望校選びの適性を判断するそのほかの要素に優先することになります。そうなると、最終的に合格したとしてもミスマッチが起こる可能性が高くなります。偏差値はあくまで適性をはかるための一指標であることを忘れないようにしましょう。

ポイントNo.3

志望校をしぼったら 足を運びましょう 「百聞は一見にしかず」

志望校をいくつかにしぼることができたら、つぎにその志望校を実際に見に行ってみましょう。各学校が学校見学会などを開催していますので、積極的な参加をおすすめします。また、第1志望校だけにかぎらず、候補にあがった学校すべてに足を運ぶのが理想です。

学校案内の冊子、ホームページなどからも、その学校の情報を得ることはできます。しかし、学校

を直に訪れて得られる情報は、保護者のみなさん、またお子さん自身が目で見て、肌で感じることができる点で、ほかの情報とはまったく異なります。まさに「百聞は一見にしかず」です。

「志望校に決めたから見に行く」というよりも、「実際に学校を見て、それから志望するかどうかを決める」という姿勢で学校見学会などのイベントに参加することが大切です。

Check! 志望校選択 ここをチェックしよう!

校風・学校文化

私立学校は、各学校ごとに独自の建学の精神・教育目標に基づいて設立、運営されています。そのため、個性豊かな「校風」があり、その校風のもとで学校独自の文化が育まれています。「自由闊達な学校」「しつけ教育に重点をおいた学校」「面倒見のいい学校」など、その数は学校の数だけあるといっていいでしょう。

とくに学校文化は外からはわかりづらい部分が多くあります。まわりにいる卒業生や、学校見学会などの機会を利用して、先生や生徒のみなさんに聞いてみましょう。こうした校風・文化がお子さんに合っているかどうかは非常に重要な観点になります。

男子校・女子校・共学校

男子校・女子校・共学校は、いずれにもそのよさがあります。

男子校や女子校の魅力は、異性の目を気にする必要がなく、伸びのびと自分らしく個性を発揮しやすいところにあります。共学校の場合は、異性がいるからこそ男女のちがいを学校生活のなかから学び、お互いの長所・短所を認め合うことができます。これに関しても、お子さんの性格に合っているか、またお子さん自身の希望も加味しながら考えてみてください。

また、共学ですが、男女が別々に学校生活を送る「別学校」もあります。授業は別で学校行事はいっしょ、授業も行事も別、など学校によってちがいがありますので、よく確認しましょう。

通学時間

私立の学校に入学すると、公立とはちがって電車やバスを使った通学をする人がほとんどでしょう。中高6年間をそうして通学することになるのですから、通学時間にも留意しておきたいものです。目安としては家から学校まで往復3時間以内が限度だろうといわれます。学校のなかには、生徒への負担を考え、教育的な配慮から通学時間に制限を設けている学校もあります。

調べる際には、所要時間とともに、利用することになる交通機関の通学時の混雑状況なども調べておくといいでしょう。

学力

当日の入試で合格を勝ち取る学力が必要なことは言うまでもありませんし、お子さんの学力は志望校選びの重要な一要素であることもまちがいありません。

ただ、偏差値は模試当日のコンディションなどで大きく変動するものです。絶対的な基準ではないので、すでに述べたように、それだけで判断しないようにしましょう。これまでに述べてきたような要素を加味しながら、お子さんの学力と合わせてみてください。

そのほかのチェックポイント

- 学校の宗教的背景
- 学費
- 大学附属校or進学校

志望校選びのQ&A

Q 宗教系の学校の特徴は?

A 創立の基盤として宗教的な背景があるのがいちばんの特徴です。キリスト教のカトリック校とプロテスタント校、仏教系やその他の宗教的な理念を教育の柱にすえ、規律やしつけを重んじ、豊かな人間性を育てる教育をめざしています。信者である必要はありません。

Q 大学附属校か進学校かで迷っています。どうすればいいでしょうか。

A 大学附属校は大学受験の必要がなく、ゆとりのある学校生活を送ることができますが、系列以外の大学への進学を考えた場合に受験対策が万全でない学校もあります。進学校は大学進学をめざした受験体制が整っています。将来、大学進学の際にどんな進路を描いているのか、しっかりとお子さんと確認しておきましょう。

志望校を決めるために
コツを押さえた併願校選び

志望校を選ぶ際、第1志望校のほかに併願校も選ぶのが一般的です。その併願校選びのポイントを押さえることが、中学受験を成功に導く秘訣です。併願校を選ぶコツを順を追って見ていきましょう。

首都圏に存在する中高一貫校の数は300校以上にものぼります。その学校の数だけ入試が行われており、形式、内容も各校によってさまざまです。首都圏の中学入試は、各都県で定められた入試解禁日からスタートし、数日間にわたって実施されていきます。

中学受験では、第1志望校を含め、ひとり4～6校を受験するのが一般的だと言われています。

これだけ多くの学校があるということは、幅広い選択肢から学校が選べ、入試日が重ならないかぎりいくつもの学校を受験できるという利点があります。

一方で、このなかから「併願校をどのようにして選べばいいかわからない」という疑問を持つかたもいるはずです。そうした悩みを解決すべく、併願校選びのポイントを見ていきましょう。

STEP1 第1志望校の決定

併願校選びの前に、まずは第1志望校を決めましょう。第1志望校を決定することで、その入試日を基本にして入試日程を組むことができ、併願校が選びやすくなります。まだ第1志望校をしぼりこめていない場合は、志望校決定に向けて早速動きだしましょう。遅くとも11月ごろまでには第1志望校を決定したいですが、早く取りかかるに越したことはありませんので、これから受験学年を迎えるご家庭は、6年生の前半までには候補の学校をいくつかあげられるようにしておきましょう。

第1志望校を早めに決めることは、併願校選びをスムーズに進められることに加えて、さまざまなメリットももたらします。

「この学校に入りたい」という明確な目標ができることで、合格へ向けて強い気持ちで学習に取り組むことができます。志望校が決まらないままなんとなく受験勉強をするよりも、めざすべき到達点がはっきりしている方が、大きな学習効果が得られるものです。

さらに、今後の学習計画も立てやすくなりますし、受験校の入試問題の分析などにもじゅうぶんな時間をあてることができます。

第1志望校の決定をこのようなプラスの材料にするためには、受験生が「いちばん行きたい、ほんとうに入学したい」と思える学校を選ぶことがカギといえます。つまり、現段階の実力よりも多少高いレベルの学校、チャレンジ校を選んでもよいのです。

STEP2 3段階にわけて考える

第1志望校が決定したら、併願校を選んでいきます。いまの実力よりレベルが高い学校を第1志望校に設定するぶん、併願校は慎重に選んでいくことが大切です。

併願校を選ぶ際のポイントは、平均偏差値を目安として、階段をあがるようなイメージで考えていくことです。おもに「チャレンジ校」、「実力適正校」、「合格有望校」の3段階にわけましょう。

1 チャレンジ校　偏差値が合格可能性50％ラインに達している、もしくはその前後に位置する学校

2 実力適正校　偏差値が80％ラインに達している、もしくはその前後に位置する学校

2 合格有望校　偏差値が確実に合格可能性80％ライン以上を超えている学校

３段階の幅は、「実力適正校」が平均偏差値を基準として上下に３ポイント程度の学校、「チャレンジ校」が現在の受験生の偏差値から５ポイント程度上までの学校、反対に「合格有望校」は５ポイント以下に位置する学校とします。段階をふんで併願校を選択することで、確実に合格を勝ち取りましょう。

STEP3 注目すべきは平均偏差値

併願校を選ぶ際は、以下の２点にも注意しましょう。

・偏差値は入念に確認する
・難易度の高い学校ばかりを受けることは避ける

いままで受けた模試の偏差値がつねに安定している、または上昇中である場合は問題ありませんが、偶然ふだんよりも高い偏差値がでる場合もあります。偏差値は受験生のコンディションによって大きく左右されることを忘れてはいけません。よい結果だけを鵜呑みにするのではなく、何度か受けてきた模試の平均値を考慮して、冷静に判断してください。

また、実力適正校や合格有望校を選ばず、チャレンジ校だけを受験することも避けましょう。高い目標を持つことは大切ですが、難易度の高い学校ばかりを受けてしまうと、それをプレッシャーに感じてしまい、本来の実力を発揮できないことになりかねません。

受験生本人がベストな状態で第１志望校に挑戦できるよう、条件に合う併願校を選びましょう。

併願校選びのコツをおさらい！

✓ 第１志望校を決める

併願校選びは第１志望校を決めることから始まります。

✓ ３段階で併願校を選ぶ

確実に合格を手にするためにも、レベル別に「チャレンジ校」、「実力適正校」、「合格有望校」の３段階にわけて考えましょう。

✓ 平均偏差値を確認する

模試などを受けたときにでる偏差値は、受験生の当日の調子によって影響を受けやすいものです。併願校選びをするときは、平均偏差値を参考にして、受験生が不安やプレッシャーを感じないような学校を選ぶことが大切です。

志望校を決めるために 入試日程の組み方

入試では、併願スケジュールの組み方が重要なポイントとなります。チャレンジ校や実力適正校を第１志望校として、日程別に見てみましょう（CASE １～３はいわゆる「試し受験」をのぞいたものとなっています）。

CASE 1 第1志望校を初日に受験

初日に第1志望校を受験する場合、ここで合格という結果がでれば問題はありませんが、残念ながら不合格となってしまう場合も考えて併願校選びをする必要があります。この場合、初日の合格発表の日時によって2日目以降の日程を決めることになります。

合格発表が試験当日にある場合、2日目は第1志望校の結果がでてから受験することになりますので、2日目には合格有望校を組みこみましょう。

発表が即日ではない場合、2日目・3日目のどちらに合格有望校を受験しても大きなちがいはありません。しかし、2日目にチャレンジ校や実力適正校を組みこむのであれば、3日目は合格有望校を受験するのがいいでしょう。

CASE 2 第1志望校を2日目に受験

第1志望校を2日目に受験する場合は、初日の併願校選びを慎重に行う必要があります。

とくに、初日の合格発表が即日である場合、その結果を知ってから第1志望校の受験となります。できれば初日にいい結果をだしておきたいところです。

また多くの受験生が本命とする学校を2日目に受けるので、競争も激しいことが予想されます。

このように考えると、初日には合格有望校を選んだとしても、受験生自身が「行きたい」と思える学校、過去問の対策がきちんとできていて手応えのある学校を選択するといいでしょう。

初日からチャレンジ校ばかりを受験して失敗することのないように注意しましょう。

CASE 3 第1志望校を3日目以降に受験

3日目以降に第1志望校の受験をもってくる場合は、受験生の体力や気力の保持が大切になってきます。

保護者のかたは受験生の状態に気をつけて、しっかりとサポートしてください。

第1志望校が3日目以降の場合、初日、2日目のどちらかに合格有望校を受験、もしくは両日に合格有望校を受験するようにしましょう。そうすることで、受験生が心身に余裕のある状態で本命の入試にあたれるようにしてあげたいものです。

また、3日目になるとまわりには本命に合格している受験生もでてくると思います。しかし、そのことに惑わされずに、しっかりと集中することが大切です。

ANOTHER CASE

1月入試校を受験

首都圏では、東京・神奈川は2月1日から、千葉・埼玉は1月から入試がスタートします。

千葉・埼玉の「1月入試校」について、以前は東京・神奈川の受験生が場慣れするための「試し受験」として多く受験していました。

しかし、近年は交通アクセスがよくなるなど、さまざまな理由から「試し受験」ではなく、実際に入学することを前提とした東京・神奈川の受験生も増えています。

そのため、1月入試校の難易度の予測が以前に比べてむずかしくなっているのです。

場慣れするために受験したつもりが残念な結果となってしまい、2月に始まる本番の入試に悪影響を及ぼしてしまっては意味がありません。「試し受験」と安易に考えずにお子さまの実力や性格をよく見極めながら受験するかどうか、受験するのであればどの学校にするかを決定しましょう。

EXTRA CASE

午後入試を受験

1月入試校を受験することがむずかしい地域に住んでいる東京・神奈川の受験生は「午後入試」を活用するといいでしょう。

この午後入試をスケジュールにうまく組みこむことによって、早い時期に合格を確保できる可能性が高くなります。

午後入試は一般的に午後2〜3時のスタートが多いので、午前中に他校の入試を受けてから受験にのぞむことができます。30分おきに入試開始時刻を設けて移動の利便性に配慮したり、科目数や問題数を減らして受験生の負担を軽くしている学校も増えています。

また、合格発表を即日で行う学校が多いので、併願校選びの幅が広がるのもうれしいところです。

しかし、1日に2校を受験することは受験生の体力面・精神面の負担が大きくなりますので、じゅうぶんに考慮したうえで、午後入試を組みこみましょう。

併願パターンの基本例（東京・神奈川の中学校を中心に受験する場合）

併願パターンの例を参考に、ご家庭に合った併願パターンを組んでください。

基本パターン　チャレンジ校と合格有望校をほどよく受験

	1月中	2月1日	2月2日	2月3日	2月4日以降
チャレンジ校		B校			F校
実力適正校				E校	
合格有望校	A校	PM C校	D校		G校

- 1月中に確実に合格できる学校を試し受験。
- 2月1日午前の第1志望校(B校)のあとは、午後に、合格有望校を組む。2日には偏差値マイナス5程度の合格有望校。
- 3日までに合格できれば4日以降はチャレンジ校、残念な結果なら合格有望校を受験する。

安全パターン　第1志望校の前に合格を

	1月中	2月1日	2月2日	2月3日	2月4日以降
チャレンジ校			D校		F校
実力適正校		PM C校		E校	
合格有望校	A校	B校			G校

- 第1志望校(D校)受験の前に、確実に合格できる学校を受験しておき、余裕を持って2月2日の第1志望校にのぞむ。
- 4日以降は3日までの結果次第で決める。

チャレンジパターン　強気でいくならつづけてチャレンジ校を受験

	1月中	2月1日	2月2日	2月3日	2月4日以降
チャレンジ校		B校	D校	E校	
実力適正校	A校				
合格有望校		PM C校		F校	G校

- 1月中は実力適正校で力試し。
- 2月1日、2日はチャレンジ校に挑戦する。できれば1日の午後入試は合格有望校を。
- 3日は2日までに合格を得られなければ合格有望校にし、合格校があれば、さらにチャレンジ校に挑戦。

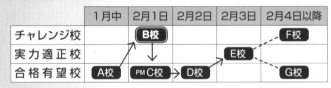

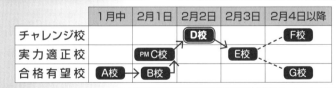

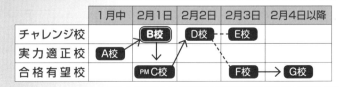

Fight!

受験まであと100日

志望校を決めるために

学校説明会に参加しよう

いよいよ志望校の最終決定も秒読み段階です。気になる学校があれば、学校説明会に参加してみましょう。実際に訪れると、学校の雰囲気もわかります。参加方法や見学する際のチェックポイントも確認してください。

学校説明会に参加する意義とは

学校についての情報は、どのように集めましたか。現在では、インターネット、学校案内、進学情報誌など、自宅にいながらでもさまざまなメディアから手軽に情報収集ができます。しかし、いくら詳細な説明文があり、鮮明な画像が見られるとしても、実際に訪れてみないことには学校の雰囲気や校舎のようすはわかりません。やはり、自分の目で学校を見ることが大切なのです。

学校説明会でわかること

学校によって、行事を公開していたり、受験生向けの体験授業や部活動体験を実施しているなど、受験生とその保護者が学校を見る機会はたくさんあります。

そのなかでも、学校について最も詳しく知ることができるのが、学校説明会です。学校説明会では、教育理念や教育方針、コースやカリキュラム、授業の内容、近年の進学実績や進路指導への取り組みなど、学校生活にかかわることをその学校の教職員のかたから聞くことができます。気になる入試についても、注意事項や入試問題の解説など詳しく説明がなされます。

個別相談や学校見学も

学校によっては、説明会のあとに個別相談会を行ったり、校舎内を見学できる時間を設けている場合もあります。学校説明会に参加して疑問に感じたことやもっと詳しく知りたいと思ったことがあれば、個別相談で直接先生に聞いてみましょう。校舎内見学では、学校の実際のようすがわかります。

参加するには

学校説明会の情報は、各校ホームページや受験情報誌に掲載してあります。日時や場所だけでなく、対象者、参加方法、持ちものなどもチェックしておきましょう。事前予約が必要な学校もあるので注意してください。参加定員数が予め決まっていることもあるので、早めに確認しておきましょう。

複数の学校説明会に参加することで、各校の特徴やちがい・共通点を感じることもできるでしょう。ぜひ参加して、お子さんに合った学校を見つけてください。

学校で行われるその他イベント

オープンスクール
受験生本人が参加する体験型のイベント。授業やクラブ活動などに参加できる

入試問題解説会
入試問題の解説が行われる。入試模擬試験を実施する学校も。受験期に近い12月、1月に実施

個別見学会
説明会以外でも、学校見学ができる場合がある。事前予約が必要な場合が多い

文化祭・体育祭など
学校によっては一般公開している行事もあり、文化祭は多くの受験生に公開されている

合同説明会とは
複数の学校が集まって行う合同説明会は、一度にいろんな学校の情報を得られるというメリットがある。ただ、学校を見ることはできないので、受験を考えている場合は、別の機会に直接訪れるようにしよう

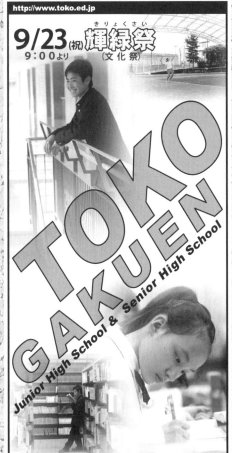

学校説明会ではここをチェック!

Check 1 自宅から学校までの通学ルートは大丈夫？

通学のしやすさは志望校選択の大事な要素のひとつ。学校説明会へ参加するときは、自宅から学校までの通学ルートを実際に確認する絶好のチャンスです。電車やバスの乗り換えはあるか、所要時間はどれくらいか、通学路周辺の環境はどうかなど、6年間通学する子どもの目線に立って確認してください。また、一度でも行ったことがあれば、入試当日もあわてることがなくなります。

Check 2 在校生のようすは？表情や目の輝きを見て

学校の主役は生徒ですから、在校生のようすを見ることも重要です。在校生の姿は、その学校の教育を色濃く反映していると言えるからです。あいさつはできているか、制服や髪型などの身だしなみはどうかなどはもちろんですが、なによりも生徒の表情や目の輝きを見てください。生徒がいきいきとしている学校は、それだけ生徒の個性をいかす教育が実践されていると言えます。

Check 3 施設・設備などの教育環境の実際は？

最新設備のそろった新校舎なのか、伝統ある校舎を大切に使っているのか…。私学のキャンパスは、外観や敷地面積、保有する施設・設備など各校それぞれに個性があります。教室や廊下の広さ、体育館やグラウンドなどのスポーツ施設の内容、理科実験室や図書館などの教育環境、自習室の有無など、実際にわが子が学校生活を送ることを想ってふさわしいかどうか見てみましょう。

Check 4 先生と話せばその学校がわかる

機会があれば、積極的にその学校の先生とお話をしてみることをおすすめします。全体説明では聞けなかった細かな話が聞けるかもしれませんし、複数の先生と話をすることで、その学校の教職員のようすや教育に対する姿勢を感じることができるでしょう。大切なわが子を預けるわけですから、その学校の先生がたを信頼できるかどうかは妥協せずにしっかりと判断したいところです。

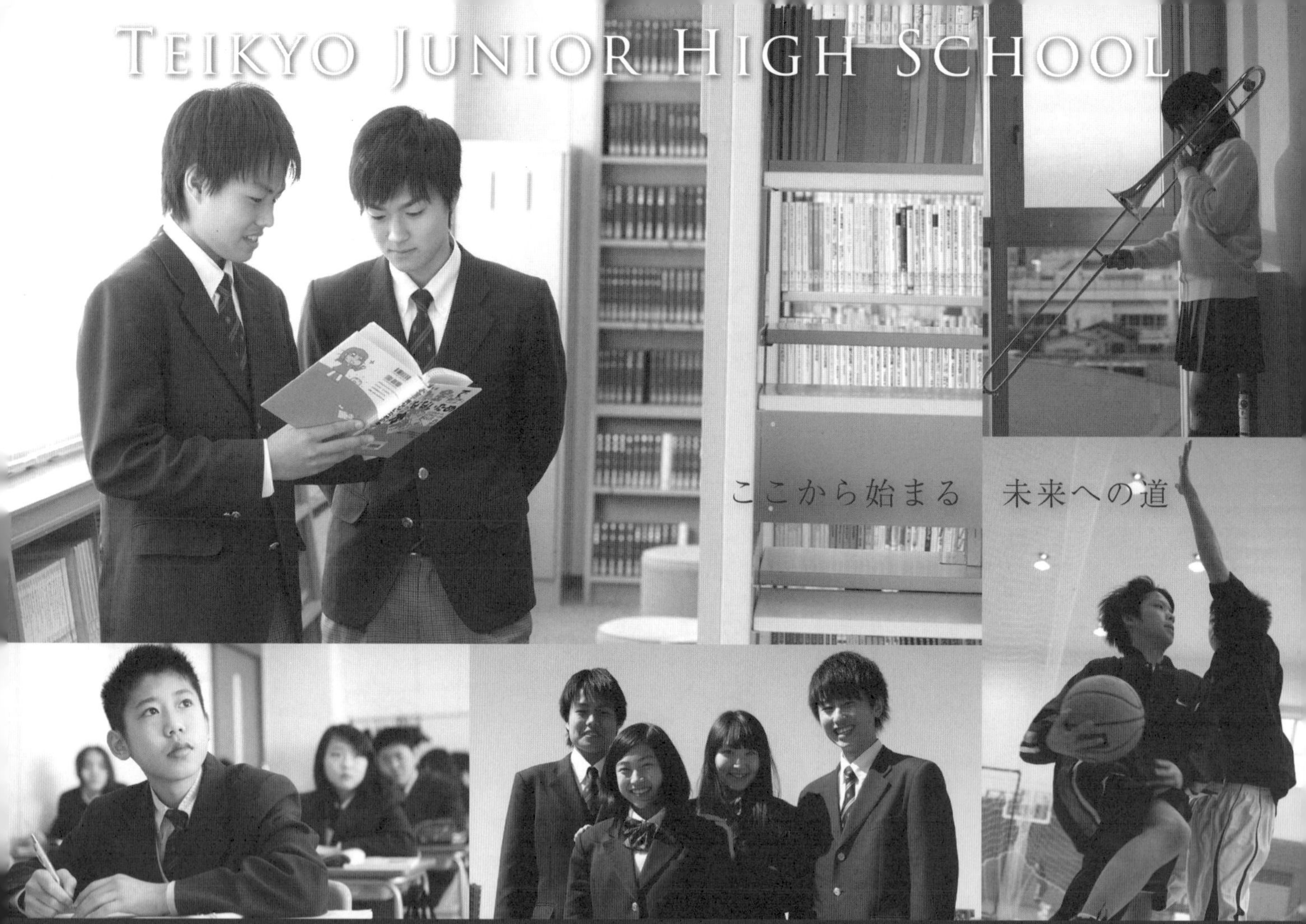
TEIKYO JUNIOR HIGH SCHOOL
ここから始まる　未来への道

THINK
&
SHARE
■入試説明会日程　＊要申し込み
＊9月1日より、学園ホームページの『申し込みフォーム』からお申し込みください。
＊各回とも定員は150名、内容は同じです。
6年生対象説明会　各回とも10:30～
①10月11日(土)　⑥11月15日(土)
②10月15日(水)　⑦11月25日(火)
③10月20日(月)　⑧11月27日(木)
④11月 1日(土)　⑨12月 1日(月)
⑤11月 9日(日)　⑩12月 6日(土)
●入試直前説明会　12月13日(土)　10:30～
5年生以下対象説明会
①10月11日(土)　13:30～
②11月 4日(火)　10:30～
③11月14日(金)　10:30～
④11月29日(土)　10:30～
⑤12月12日(金)　10:30～
獅子児祭(学園祭)　＊申し込み不要
10月25日(土)・26日(日)　10:00～16:00
＊入試相談コーナーがあります。
世田谷学園　中学校　高等学校
SETAGAYA GAKUEN SCHOOL
〒154-0005 東京都世田谷区三宿一丁目16番31号
TEL(03)3411-8661　FAX(03)3487-9113

専修大学松戸中学校

〒271-8585 千葉県松戸市上本郷2-3621 TEL.047-362-9102
http://www.senshu-u-matsudo.ed.jp/

SINCE 2000

文化祭 中高合同・一般公開（予約不要）

9/20（土）・21（日）2日間とも9:00～15:00
※学校説明会を数回実施いたします

体育大会 一般公開（予約不要）

10/11（土）8:30～16:00
■場所：本校校庭
※校内見学などはありません

中学校説明会（予約不要）

10/4（土）・12/14（日）2日間とも10:00～12:00
■場所：本校体育館
【ダイジェスト版】1/5（月）14:00～15:00
※初めて本校の説明をお聞きになる6年生対象

テーマ別説明会（予約不要）

第1回 10/26（日）「教科学習について」
第2回 11/22（土）「グローバル教育について」
■2日間とも10:00～12:00 ■場所：本校体育館

世界へ羽ばたけ

確かな未来はここから始まる

Soar Around The World 2015

平成27年度 中学入学試験

▶第1回 1/20（火）〈定員100名〉
▶第2回 1/26（月）〈定員 30名〉
▶第3回 2/ 3（火）〈定員 20名〉

■試験科目:3回とも4科目（面接なし）
※第2回入試の定員には、帰国生枠（若干名）を含みます。
なお、帰国生枠に出願の場合のみ、面接試験があります。
※詳細については募集要項をご参照ください。

専修大学松戸
高等学校・中学校・幼稚園
公式ロゴマーク

人間力、輝かせよう。

学力を伸ばし、感性に磨きをかけて一人ひとりの個性を膨らませる。
独自の教育方針で、人間力を豊かに育みます。

Information

中学校説明会 10:30～

※9月14日(日)
10月 3日(金)
10月23日(木)
※11月23日(日・祝)
12月20日(土)
1月10日(土)

※印の説明会では英語の体験学習を行います。

見学のできる行事

体育祭／駒沢体育館	9月19日(金)
文化祭	10月11日(土)・12日(日)
球技大会／東京体育館	10月28日(火)
イングリッシュファンフェアー	11月 8日(土)
英語祭	12月13日(土)
百人一首大会	12月19日(金)
スピーチコンテスト	3月 7日(土)

●連絡を頂ければ随時、学校説明をいたします。また、学校見学もできます。

八雲学園中学校・高等学校

〒152-0023 東京都目黒区八雲2丁目14番1号 TEL.(03)3717-1196(代) http://www.yakumo.ac.jp

描く100年　創る100年

女子美が目指したのは、女子の新しい生き方を世の中に示すことでした。

私たち女子美生は、創立したその時から「描くこと」「創ること」によって、自分自身を輝かせ、
日本の女の子たちを勇気づけ、社会をゆっくり大きく変えてきました。
この確かな歩みは、これからの100年も変わることなく、一層力強く続いてゆきます。

女子美付属の100年の歴史に新たなる輝きを。
これからの100年に挑む女子美生の使命です。

■平成26年度　受験生対象行事

9月27日(土)	公開授業	8:35～12:40
10月4日(土)	公開授業	8:35～12:40
	学校説明会	14:00～
10月25日(土)	女子美祭(ミニ説明会実施)	10:00～17:00
10月26日(日)	〃	〃
11月22日(土)	公開授業	8:35～12:40
11月29日(土)	公開授業	8:35～12:40
	学校説明会	14:00～
12月6日(土)	ミニ学校説明会	14:00～
1月10日(土)	ミニ学校説明会	14:00～

●本校へのご質問やご見学を希望される方には、随時対応させて頂いております。お気軽にお問い合わせください。

■女子美祭

10月25日(土)～26日(日)

〈進学説明会〉

10月25日(土)　①10:30～　②13:30
26日(日)　①10:30～　②12:30～　③14:30～

付属中学・高校・大学まで同時に開催される本校のメーンイベントです。
生徒全員の作品展示のほか、盛りだくさんの内容でお待ちしています。

■女子美ニケ中学生・高校生美術展

9月27日(土)～10月4日(土)
10:00～17:00　本校エントランスギャラリー

■高等学校卒業制作展

3月2日(月)～3月8日(日)
9:30～17:30　東京都美術館

美

女子美術大学付属高等学校・中学校

〒166-8538　東京都杉並区和田 1-49-8　TEL 03 - 5340 - 4541　URL http://www.joshibi.ac.jp/fuzoku/

2015 100th ANNIVERSARY

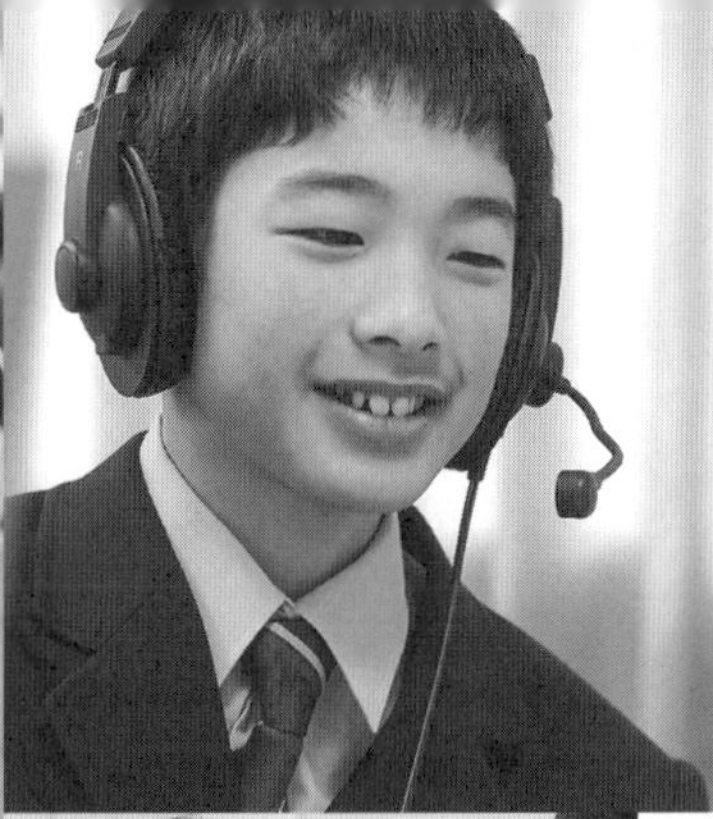

2015年4月より新たな教育がスタート
21世紀の国際社会に羽ばたく人材を育成

高い目標を実現する
3つのコースを開設

ハイブリッドインタークラス
（英語・数学・理科を英語イマージョン）

ハイブリッド特進クラス
（文理融合型リベラルアーツ）

ハイブリッド特進理数クラス
（実験・ICTを強化）

―はじまるよ、世界にワクワクする学び。―

学校説明会 会場:本校（予約不要）

第2回	9月13日（土）	14:00～（体験学習 14:00～15:15）
第3回	10月25日（土）	14:00～（体験学習 14:00～15:15）
第4回	11月18日（火）	10:00～（在校生プレゼンテーション・授業見学あり）
第5回	12月 6日（土）	10:00～（入試本番模擬体験：要予約 9:00～11:30）
第6回	1月10日（土）	14:00～（入試直前10点アップ講座）

■学校見学は随時受付中 ■詳細はHPをご覧下さい

京王線北野、JR八王子南口、
JR・西武線拝島より

スクールバス運行中。片道約20分
電車の遅れにも対応します。

工学院大学附属中学校
JUNIOR HIGH SCHOOL OF KOGAKUIN UNIVERSITY
〒192-8622 東京都八王子市中野町2647-2

TEL 042-628-4914
FAX 042-623-1376
http://www.js.kogakuin.ac.jp/junior/

pick up!

昌《しょう》平《へい》中学校

Tクラス新設!!

2010年（平成22年）に開校した昌平中学校。１期生が高校３年生となる2015年度（平成27年度）より、世界の文化や価値観のちがいを理解し、広い視野を身につけるための「グローバル人材育成プログラム」がスタートします。

School INFO.

所在地
埼玉県北葛飾郡
杉戸町下野851

TEL
0480-34-3381

アクセス
東武日光線「杉戸高野台駅」
徒歩15分・バス5分、
JR宇都宮線・東武伊勢崎線
「久喜駅」バス10分

入試説明会
10:00～12:00
9月27日
10月９日
11月28日
12月13日

入試問題アドバイス
※要予約
10:00～12:00
11月９日

グローバル人材育成プログラムスタート!!

近年、勢いよく大学合格実績を伸ばしている昌平中学校（以下、昌平）では、来年度入学生から「グローバル人材育成プログラム」をスタートさせます。

これはグローバル化社会に対応できる人材を育てるための一連の教育プログラムです。これまでに行われてきているものもありますが、それを整理し、よりしっかりとした目的意識を持って各教育プログラムを実施していきます。

①「プロジェクト学習」②「パワー・イングリッシュ・プロジェクト」③「国際交流の実践」④「ＳＷ（スペシャル・ウェンズデイ）」⑤「ＩＢ（国際バカロレア）の導入」という「グローバル人材育成プログラム」の各プログラムのなかから、今回は「パワー・イングリッシュ・プロジェクト」と「ＳＷ」をご紹介します。

「全校生徒が英語を得意教科に」

「全校生徒が英語を得意教科に」を合言葉に、２０１５年度（平成27年度）からは、これまでの取り組みをさらにパワーアップさせていきます。

中高6年間をとおした計画表を作成し、このなかでＧＴＥＣの数値目標や英検受験のスケジュールを設定しています。こうすることで、具体的に、そして計画的に全生徒の英語力向上をはかります。

また、知識獲得と並行して、実際に英語を「使う」場も多く用意しています。まず、これまでは高校教室棟に設置されていたインターナショナル・アリーナ（日本語禁止部屋）を中学教室棟に移動しました。この部屋にはネイティブ教員が3名常駐しており、生徒はここに行けばいつでも遊びもまじえながら、英語で会話することができます。

そして、中学の3年間は、毎年宿泊をともなった語学研修旅行が予定されています。さらに、毎年夏休みには、中高共通でオーストラリアでのホームステイ海外語学研修（2週間）に参加できます。

ほかにもTOEICやTOEIC Bridge受験、全校スピーチコンテスト開催など、柔軟に知識や経験を吸収できる中学生の間に、「英語が好きになってくれるキッカケをたくさん用意する」（城川雅士校長先生）のが昌平のパワー・イングリッシュ・プロジェクトです。

実体験をとおした具体的な学びを提供する「ＳＷ」

毎月1度、水曜日の「ＳＷ」の時間には校外にでて多彩な体験学習をとおして、「調べる」「まとめる」「発表する」といった力を身につけます。キャリア教育につながる「大学研究室訪問」、「世界」を意識する「各国大使館訪問」、教養につながる「芸術鑑賞」などがあります。

Ｔクラス新設

パワー・イングリッシュ・プロジェクト、ＳＷをはじめとする「グローバル人材育成プログラム」は、最難関大学合格を目標とした「Ｔクラス」（２０１５年度入試より導入）とともに、昌平中学校の大きな特色となりそうです。

伸びる秘訣は親にある！

子どもと向きあう中学受験

中学受験において親と子の関係はとても重要です。
受験生の親としてどのように子どもをサポートするべきか
3人の専門家にお話をうかがいました。

「重要な子どもへの働きかけ 自覚が芽生える接し方を」

森上教育研究所　所長　**森上　展安**

「「横の成長」を 意識しながら受験生活を」

安田教育研究所　代表　**安田　理**

「受験まであと100日 親は子どもにどう接するか」

産経新聞編集委員　**大野　敏明**

重要な子どもへの働きかけ 自覚が芽生える接し方を

受験までいっしょに走る 親は子どもの伴走者

中学受験より高校受験、高校受験より大学受験と本人による自覚のウエイトがより高まっていきます。

ただ中学受験では、むしろ親と子相互のかかわりあいのウエイトが高いのが特徴です。したがって、親に対する依存度が高いぶんだけ親の働きかけが有効に作用します。

とりわけ、お子さまとの「会話の持ち方」は重要な要素を含んでいます。とくに気をつけたいのは「やったの?」「やってないの?」のような勉強の確認の仕方です。

どれか1冊（手前みそですが、森上スキル研からでている『これだけ！』シリーズのようなもの、四谷大塚で言えば『四科のまとめ』にあたるもの）を決めて、いっしょに計画を立て、一進一退はあってよいので、着実に1ページずつ進めていくことが大切です。具体的に問題を特定して、できた、できない、どう考えればできたか、をきちんとノートに記しておくこと。

ときおり、この時期、ちっとも勉強しないなどという相談を受けますが、その原因は、小さなお子さまですから親が適切な教材で学習計画を立てておくことをしていないからです。これをすることがむずかしい場合は、人の手、つまり家庭教師に頼むのもひとつの方法ですし、親が手伝いにくい算数など1科目だけはほかの手を借りて、残りは親子でやる、というのでもよいでしょう。

最も大切なことは、そろそろ自我が芽生えるころなので、親が子に対して人格的な対応を心がけるべきということでしょう。ちょっとお兄さん、お姉さんのあつかいをしてあげること。少し心が折れそうになり、あまり気が乗らないということもあるでしょうから、この場合は、親が「こうなさい」という言い方よりも「あなたはそれでよいの」など自覚や自尊感情に訴える言葉をかけたいですね。あるいはさりげなく仲間で努力している友だちの話や、「（1歳か2歳上の身近な先輩は）こんなことを言っていたよ」というのでもよいでしょう。

マラソンでコーチが伴走して、これは、というときに声をかけます。ああしたペースメーカーの役割がこれからの100日にはとても大切です。よくがんばっているときは「よし、その調子で行け」と言うし、少し弱っているときは励みになる言葉かけが必要です。なにより、親に求められる姿勢はマラソンの名監督の言葉ではありませんが「君ならできる！」という基本スタンスです。

そして、ほんとうに子どもを支えるのは、「どのようになっても親は子を愛しているよ」というメッセー

ジです。心には相互作用があります。
まず「親が子に」が鉄則です。

最初は緩やかに成長に合わせて目標を高く

以上は「親子の心の持ちよう」についてですが、これからの100日、どのように勉強を進めていくべきか、についても触れておきましょう。

小学生のこの時期の追いこみには目を見張るものがあります。この100日、最後の30日、最後の1日、「最後の最後でベストコンディションに持っていこう」という目標を親子でぜひ共有しておきましょう。

それまでは少しずつよくなればよいわけで、100日のうち最初の30日は、達成目標のバーを手の届くところに置くことが肝心です。

もっともすでに合格圏にいる場合は別の注意が必要です。モチベーションが低くなると点数もあわせて低下しがちですし、追いあげてくるスロースターターもいるからです。

さて、入試は1点勝負ですから、目標校の出題傾向に合わせた対応を抜かりなくやる必要があります。

目標校の過去問で入試の合格点との差をどのように縮小していくか、これを合格最低点から逆算して得意科目で何点積みあげ、不得意科目で何点までカバーするか、そのためには何％の正答率の設問までクリアすればよいか、を過去問をやりシミュレーションをすることです。

そのためには、それらのデータを集める必要があります。公表されている学校ばかりでもありませんから、非公表の学校については、塾のベテランの先生か、しかるべき先生を見つけて予想を立てましょう。

多くの学校では平均して50％の正答率の設問を得点すればほぼ合格ラインです。科目のデコボコが多い場合は、得意科目で40％ラインの正答率をクリアする一方で、不得意科目では60％ラインのクリアにとどめる、という作戦も考えられます。

それ以外の難問は大胆に手をつけない（＝捨てる）ということができるわけです。これは正答率がどのくらいの問題かという判断ができなくてはいけないので、大きな模試と過去問のデータで、親子でしっかりマークして感覚をつける必要があります。もっとも親は問題を解けない可能性があるので、正答率を調べて問題をマークしたりしてしめしてあげる作業をするだけでよいのです。

つまり、到達ラインを正答率で設定し、そのバーを少しずつあげていく。けっして焦らず、最初の30日はとくに緩やかに、しっかりていねいにやさしい問題を確実に解くことを目標にしてください。とくによくできる子に惜しいミスがでがちですから、まだ余裕のある100日前のこの時期に徹底しておきましょう。

森上教育研究所
所長　森上　展安
もりがみ・のぶやす　森上教育研究所所長。岡山県生まれ。早稲田大学卒業。進学塾経営などを経て、1987年に「森上教育研究所」を設立。「受験」をキーワードに幅広く教育問題をあつかう。近著に『入りやすくてお得な学校』『中学受験図鑑』などがある。

「横の成長」を意識しながら受験生活を

現実的になっている保護者

私は仕事柄受験生の保護者に接することが多いのですが、「保護者の意識がより現実的になっている」ということをよく感じます。学校選びについても、「わが子の将来が少しでも有利になるように選択をしている」保護者が多くなってきました。

以前あったような「恵まれた環境で、一生モノの友だちにであってほしい」「部活動、行事などで充実した6年間を過ごしてほしい」など、私学ならではの学校生活を望むといったものは減ってきています。保護者の関心事は、成績の向上、難関大学合格、一流企業への入社、TOEIC・TOEFL何点以上獲得、資格・検定取得といった、明確で実利的なものに向かっている傾向が見て取れます。

こうした「向上」「上昇」志向の要素を、私は「縦の成長」と呼んでいますが、保護者は、これこそが、わが子が厳しい世の中を生きていくうえで有力な「武器」になると考えているようです。確かに、学歴や資格は「武器」になると思います。しかし、私のように会社を早期退職し、自分で事業を行ってみると、「縦の成長」以上に、「横の成長」が大事だということをしばしば感じます。

「横の成長」がどういうものかをひと言でいうのはむずかしいのですが、いくつか要素をあげてみましょう。たとえば、モラルがあること、常識があること、支えてくれる人がいること、まわりの人のことを考えられること、自分も人に親切であること、人から頼りにされる人柄であること…。そういった目に見えにくい生きる姿勢、人間としての資質といったものが育っていくことを、私は「横の成長」と位置づけています。

この記事の読者のかたは私よりはるかに若いので、どうしても「縦の成長」に目が行きがちだと思います。が、長く生きてきた私からすると、「横の成長」の要素が人間関係を築くうえではもちろん、仕事でも、ものすごく重要と感じることがよくあります。人とともに生きていく社会でなにかをしようと思ったら、人を支え、助け、また自分もそうしてもらえる人間性こそがなにより大切ということを理解していただけたらと思います。ですから、ぜひこの部分も意識して子育てをしてほしいのです。

多くなっている親子のバトル

最近の受験シーンで以前より多くなってきたと感じることは、親子間のバトルです。これをどう乗りきるかが、受験がうまくいくか、望ましくない結果に終わるかを分けます。

来年の入試本番が迫ってきて、お

父さん、お母さんには焦りがでてきているのではないでしょうか。それなのにわが子は受験生としての自覚がない（とくに男の子）。ゲームをしたりしていて、なかなか勉強しない。それでつい「勉強しなさい」と声を荒らげ、反発され、けんかになってしまう。挙句《あげく》の果てに「勉強する気がなくなった」とすねられてしまう。こんな日々を繰り返しているご家庭も多いのではないでしょうか。

　子どもに受験生としての自覚を持たせるにはどうしたらいいのでしょう。いきなり、「お母さんは、〇〇中学に行ってほしいな」では、子どもは反発します。まず、将来どんな仕事をしたいのか、それにはどんな勉強が必要なのか…と順番にいっしょに考えることです。そうすることで、お子さんは勉強する意味に気づくはずです。もしくは、お子さんがいちばん行きたがっている学校に連れて行ってはどうでしょう。

　これまではしっかり勉強していたのに、最近やる気がなくなっている、という場合にはどうすればいいのでしょうか。自分が優秀だったお父さん、お母さんほど、成績が低下すると、努力が足りないからだと、つい厳しくあたってしまいます。またお父さんは、子どもの勉強を管理しがちになります。しかし、管理される生活が楽しいでしょうか。わが子は別人格です。それに感情も持っています。監督者目線でものを言われて気分がいいはずがありません。

　お父さんご自身の会社でのことを考えてください。上司からネガティブなことばかり言われていたら、気持ちが少しも乗らず、仕事の成果もあがらないのではないですか。受験勉強も同じです。気持ちが明るく前向きになっていてこそ身につくのです。「ダメだ、ダメだ」と言われて不安な状態になっていたら、勉強しても効果は薄いのです。

　最近勉強に消極的になっているとしたら、どこかでつまずいている可能性があります。成績表・答案などをチェックして原因を探ってください。どの教科に原因があるかわかったら、塾の先生に相談してはどうでしょうか。弱点を克服し、点が取れるようになれば、また自信を取り戻してがんばるでしょう。やさしい模擬試験を受けさせたり、やさしい学校の「過去問」をやらせて自信を取り戻させる手もあります。

　親はどうしても「縦の成長」という点から叱咤しがちになります。そうしたときこそ「横の成長」の大切さを意識してください。お子さんの人間的なよさを見つけ、褒めてあげることで、お子さんの気持ちが前向きになることがよくあるものです。

　こうした点からも「横の成長」を意識しながらこれからの受験生活を送ってください。

安田教育研究所

代表　安田　理

やすだ・おさむ　安田教育研究所代表。東京都生まれ。早稲田大学卒業後、（株）学習研究社入社。雑誌の編集長を務めた後、受験情報誌・教育書籍の企画・編集にあたる。2002年安田教育研究所を設立。講演・執筆・情報発信、セミナーの開催、コンサルティングなど幅広く活躍中。

受験まであと100日 親は子どもにどう接するか

来年の入試まで、あと100日となりました。これまで、合格をめざして親子でがんばってこられたと思いますが、ラスト100日をどう過ごすかが入試の成否を決める、といっても過言ではありません。そこで、保護者として、お子さんとどう向きあうのがいいのか考えてみました。

1 いつもどおりの生活を

あと100日をどう考えるか。「まだ100日ある」と考えるか、「あと100日しかない」と考えるか。大きなちがいのようですが、私は「まだ100日ある」と考えたいと思います。といっても、のんびりしろ、という意味ではありません。受験では最後の100日が勝負を決することになります。逆にいえば、100日あれば、かなりの成果をあげることができるということです。それだけ、最後の100日は大切だということです。あと100日、焦らず、じっくり、着実に勉強して、学力を伸ばしていきましょう。

生活面から考えてみましょう。あと100日、なにか特別なことが必要なのでしょうか。私の答えは「ノー」です。あと100日になったからといって、特別なことをする必要はありません。

これまで、毎日学校に行き、塾に通い、家では勉強をするという生活をしてきたと思いますが、これからも受験の日まで、これまでの生活をつづけることがいいと思います。学校でも同級生とともにふつうに行動することです。学校行事を欠席して、家で受験勉強をしたり、音楽や体育などの受験と直接関係ない授業を欠席・早退して受験勉強にあてる人もいるようですが、関心しません。それはかえって、子どもに精神的な負担を増やしてしまうことになりかねません。そういうことがつづくと、クラスで浮いてしまったり、ひどいときにはいじめにあったりします。受験は、自分に合った学校に進学して、より豊かな学校生活を送ることが目的のひとつですから、小学校でつらい生活を送るようになったら本末転倒です。

受験生は精神的に不安定なものです。学校での生活がつらくなると、勉強が手につかなくなり、成績不振に陥りかねません。いままでどおりのリズムを維持して、ふだんどおりを心がけましょう。

また、ラストスパートということで、睡眠時間を削って夜遅くまで勉強する受験生もいるようですが、いかがなものでしょう。しっかり睡眠時間をとり、規則正しい生活をしてこそ、勉強にも身が入り、学力も伸びるのではないでしょうか。体力、気力を維持し、やる気を持続してこその受験、そして成功です。

家庭で受験生を特別あつかいする

ことも考えものです。「○○ちゃんは受験だから」などと、ほかの家族とはちがう食事メニューを用意したり、ほかの兄弟よりもお菓子を多く与えたりするのはやめた方がいいと思います。それはかえって受験生にプレッシャーをかけることにもなります。学校でも家庭でも、塾でもこれまでどおりに生活していくことをおすすめします。

2 勉強は復習に重点を

勉強もこれまでのペースを保つことが大切だと思います。

よく、夏休みはかき入れどき、といわれ、成績が伸びることを期待されますが、夏休みが終わって、成績が伸びないからといって、塾を変えたり、新しい参考書や問題集をやらせたりするのは考えものです。それよりも、現在のペースを維持して勉強することをおすすめします。

あと１００日を切ると、5年生のときにやったはずの分野を忘れてしまうこともあります。そこで、復習に重点をおき、過去問をやるなどして記憶を維持することが必要です。新しいものを詰めこむよりも、覚えたことを忘れないようにしたいと思います。とくに最後の1カ月は、復習に重点を置いた勉強を心がけるようにしましょう。

そろそろ、志望校の出題傾向を把握することが必要になります。そのために、過去問に手をつける時期です。過去問は、第1志望なら過去5年ぶん以上をやることをおすすめします。解答用紙は実物と同じ大きさにコピーし、時間もきちっと決めて、本番同様にやってみてはいかがでしょうか。また、どうしても苦手な分野があったら、それに固執せず、思いきって捨ててしまうことも選択肢のひとつです。苦手の克服に時間を費やすよりも、取れる点を取ることに重点を置くということです。

3 健康第一

受験はなんといっても健康第一です。健康を損ねては、勉強はできません。受験当日に風邪をひいたら、実力を発揮することはできません。風邪などをひくと、そのぶん勉強時間が削られますし、塾での勉強も遅れてしまいます。日ごろから、人が集まる場所にはなるべく行かないようにしましょう。学校でインフルエンザがはやっていたら、学校を休むことも必要です。

早寝、早起き、朝ご飯。外出するときはマスクをし、帰宅したら、手洗い、うがいをして、丈夫な体力を維持しましょう。受験の2週間前くらいからは、学校や塾でもマスクをするくらいの用心深さが必要です。

あと１００日、もう少しです。ベストコンディションを維持して受験に立ち向かってください。

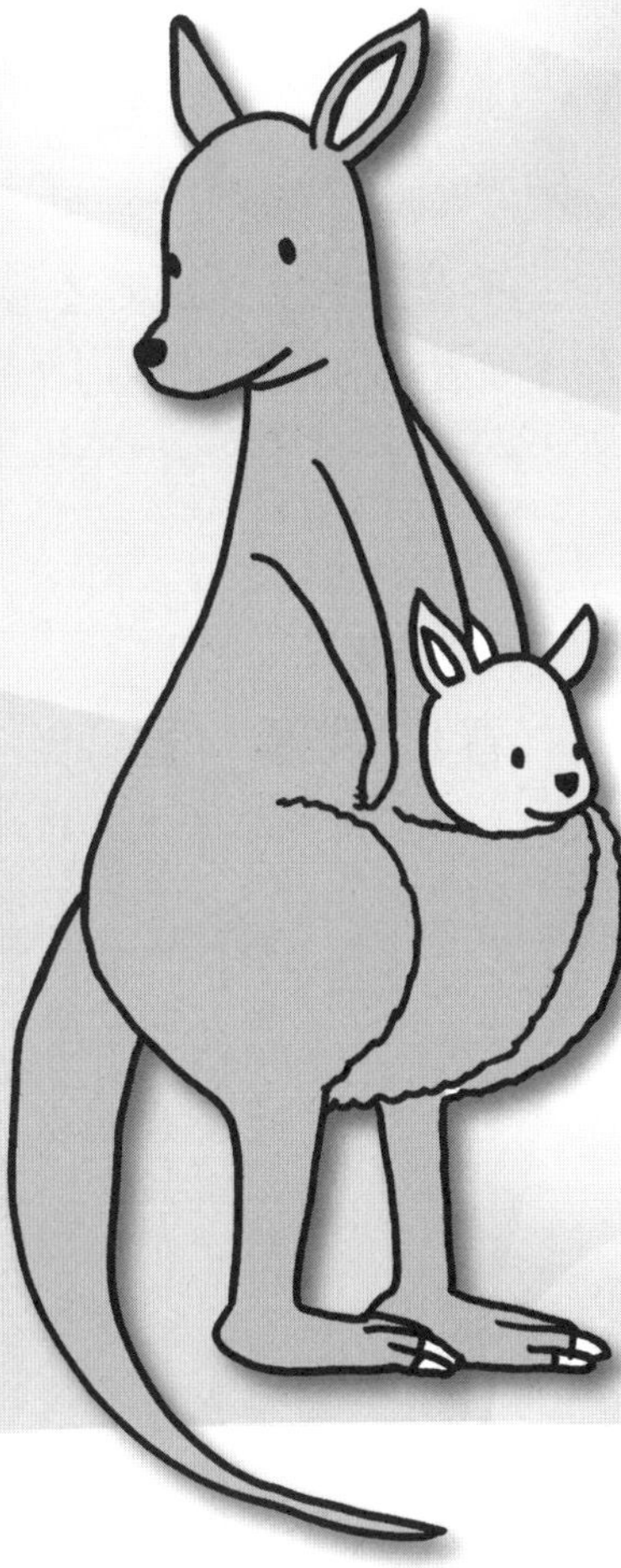

産経新聞編集委員

大野　敏明

おおの・としあき　産経新聞編集委員。東京都生まれ。学習院大学卒業。『フジサンケイ　ビジネスアイ』に「がんばれ中学受験」と題して24回の連載記事を執筆。自身も男児ふたりの中学受験に寄り添った経験あり。

SHINE YOUR LIGHT GLOBALLY

伝統と先進を融合させ、
グローバル・リーダーを育てます。

学校説明会（説明会以外は予約制）
9 / 15 ㊗ 説明会・体験授業・体験クラブ
10 / 18 ㊏ 説明会
11 / 23 ㊐ 説明会・入試問題解説
12 / 23 ㊗ 説明会・体験授業・入試問題解説
1 / 11 ㊐ 説明会

公開行事
9 / 25 ㊍ 体育祭
10 / 23 ㊍ オープンスクール
11/8 ㊏ 9 ㊐ 昭和祭（文化祭）
1 / 16 ㊎ イングリッシュフェスティバル
2 / 21 ㊏ 私の研究全校発表会

2014年度募集要項			
試験日程	A	B	C
募集人員	60名	60名	40名
試験日	2/1 ㊐	2/2 ㊊	2/3 ㊋
考査科目	2科目または4科目の選択		

詳細はこちらから ▶▶▶ *http://jhs.swu.ac.jp/*

中高一貫
昭和女子大学附属 **昭和中学校**

■〒154-8533　東京都世田谷区太子堂1-7-57　■東急田園都市線「三軒茶屋」駅下車徒歩7分
■TEL：03-3411-5115　■E-mail：info@jhs.swu.ac.jp

2014年 新校舎着工　【問い続ける学びの場】

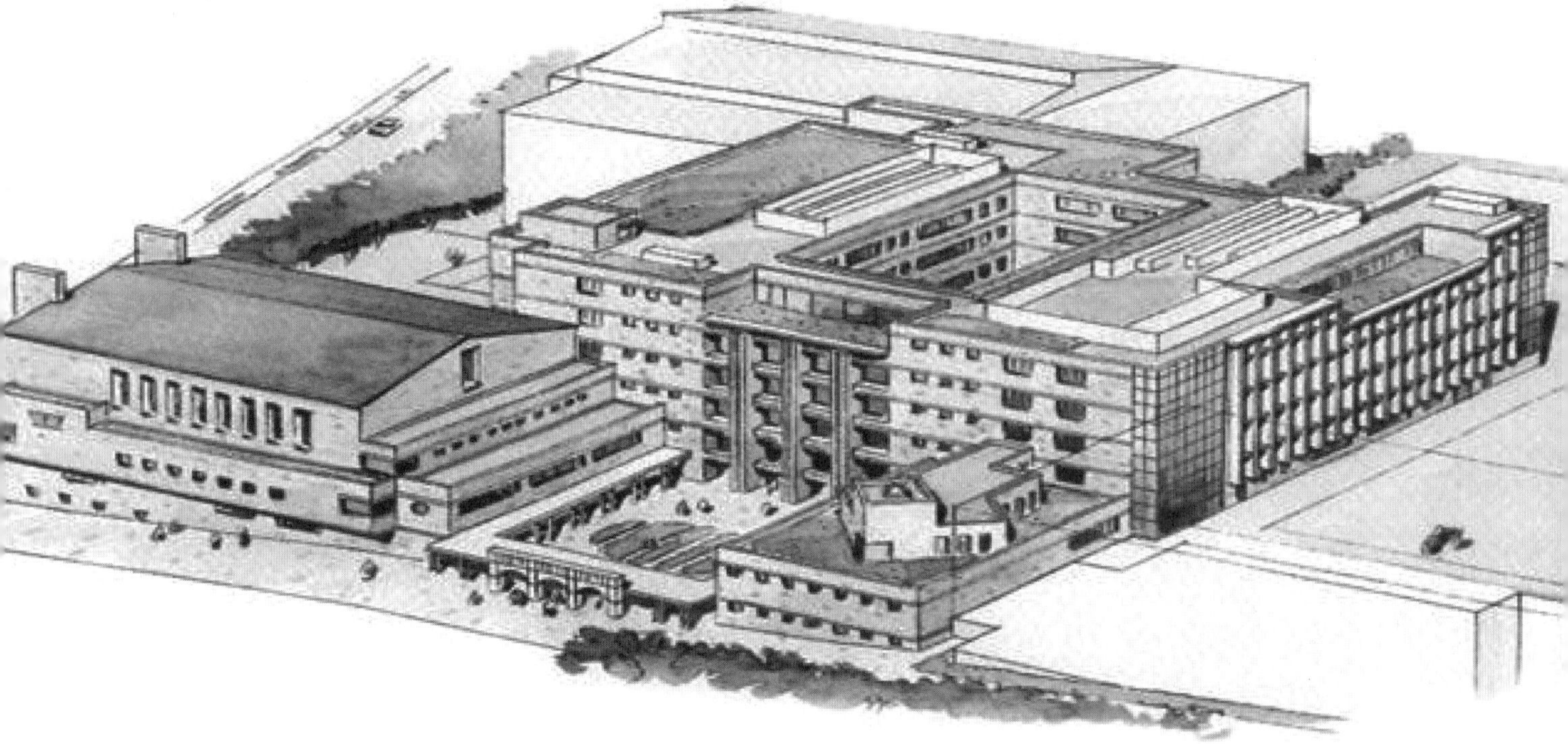

自由な校風の中で 個性と自主性を育みます

■ 入試説明会

9月20日（土）
第1回　10：00～11：30
第2回　14：00～15：30
10月25日（土）
第3回　10：00～11：30
第4回　14：00～15：30
【会場】青山学院講堂
※予約不要・上履き不要

■ 運動会

10月11日（土）　9：00～
【場所】高中部グラウンド
※雨天時は13日（月・体育の日）

■ 中等部祭（文化祭）

11月　8日（土）　10：30～16：00
11月　9日（日）　12：30～16：00
※午後より入試相談コーナー設置

青山学院中等部

〒150-8366　東京都渋谷区渋谷4-4-25　TEL　03-3407-7463（事務室直通）

Be Gentlemen, Be Ladies.

世界に目を向けた伝統校 ～グローバル&サイエンス～

帰国生向け、英語特別授業を実施！　中3海外修学旅行を実施！
海外研修はカナダ&英国（ケンブリッジ大学、オックスフォード大学）で実施（希望者）！

帰国生を対象として、週6～7時間のすべての英語の授業を英語で行っています。また、中学3年生では全員を対象とした海外修学旅行を実施するとともに、夏には希望者を対象にカナダと英国（ケンブリッジ大学、オックスフォード大学）での海外研修を実施しています。

2009年度、市川高等学校は文部科学省からSSH（スーパーサイエンスハイスクール）に指定され、2014年度は第2期SSHとして継続指定されました。SSHの趣旨を踏まえ、市川サイエンスでは、中学1年生から数多くの実験・観察を通し、自分で課題を見つけ、研究発表できるよう、独自のカリキュラムを組んでいます。第2期初年度の今年、さらなる進化をした市川サイエンスにご期待ください！

■大学入試結果2014

《国公立大学》

東京大学	11名	九州大学	1名
京都大学	2名	筑波大学	12名
東京工業大学	13名	千葉大学	23名
一橋大学	19名	横浜国立大学	6名
北海道大学	7名	東京外国語大学	9名
東北大学	9名	※国公立医学部医学科	18名
大阪大学	2名		

《私立大学》

早稲田大学	166名
慶應義塾大学	114名
上智大学	89名
東京理科大学	122名

中学校説明会：10月25日（土）
①9:00～10:30　②11:30～13:00　③14:00～15:30
※9月25日（木）18:00よりHPで予約受付開始

なずな祭：9月27日（土）・28日（日）

12月　帰国生入試実施

SSH（スーパーサイエンスハイスクール）指定校・ユネスコスクール加盟校

市川中学校

〒272-0816 千葉県市川市本北方2-38-1
Tel.047-339-2681
ホームページ　http://www.ichigaku.ac.jp/
学校説明会、公開行事の日程はホームページをご覧下さい。

◇アクセス案内◇
●京成「鬼越駅」より徒歩20分　●JR・都営地下鉄新宿線「本八幡駅」よりバス11分（JR北口②番乗り場バスいずれも可）
●JR「市川大野駅」より姫宮団地経由本八幡駅行きバス11分　●JR「西船橋駅」より直通バス20分（登下校時のみ運行）
*いずれのバスも「市川学園」で下車下さい。

one (1) egg yolk
one (1) teaspoon of mustard
two (2) pinches
a little

Fight! 受験まであと100日

「過去問」はこう解こう！

別項（36ページ～）でもご紹介しているように、「過去問」演習は受験勉強において欠かすことができません。過去問演習を効果的に行い、合格を勝ち取りましょう。

学校からのメッセージを受けとめよう！

　これまでに出題された入試問題のことを、一般的に「過去問」と呼びますが、入試問題には、学校から受験生へのメッセージが含まれています。入試問題は選抜のための問題であることにはまちがいありません。しかし、ふるいにかけるためというよりは、学校側は「今度迎える新1年生には、この文章の内容を理解できる生徒であってほしい」、「自分をこんなふうに表現できる生徒であってほしい」というイメージを持って入試問題をつくっているはずです。

　学校の教育方針、とくに学習指導の方針と合わせて、過去問にこめられたメッセージを読み解き、それを受けとめることは、その学校をより身近に感じ、受験勉強にのぞむ際の強い「動機」になってくれます。

まずは「相手を知ること」

　過去問を解くことの目的のひとつは、相手を知ることです。つまり、学校ごとの問題の特徴や傾向を知るということです。実際に入試問題を解いてみると、初めて気づくことや新鮮な驚きがかならずあります。

　志望校の候補にあがった学校の過去問は、早めに入手して、一度、実際に1年ぶん（直近のものを除く）を解いてみましょう。問題に真剣に向き合うことで、「眺める」だけでは見えない重要な情報が見えてきます。

　また、それぞれの学校の特徴や傾向を見極めるとなると、保護者や塾の先生の出番です。出題傾向は、1回ぶんを解いただけで判断できるものではありません。出題傾向をつかんだうえで、つぎにどうするかという方針を立てるためにも、解いた問題と答案を持って、塾の先生に相談し、本番までの作戦会議をするのが効率的でしょう。

「実力をつける」ための過去問演習

　まだまだ実力を伸ばしたいこの時期、過去問を解くことの目的のふたつ目が、「実力をつける」ことです。

　「実力」というのはあいまいな言葉ですが、ここでは、入試本番で求められていることに答える力、と定義しておきます。

　過去問は文字どおり過去に入試問題として出題された問題です。その点で、単元ごとのテストや模擬試験とは別物です。単元ごとのテストでは、どんな問題がでるかの見当もつくし、解き方にもたどりつきやすいですが、過去問ではそうはいきません。

　単元ごとのテストでは点数が取れていたのに、過去問のなかに、ちょっとちがった視点からの見方が求められる問題や、いくつかの単元の考え方を組み合わせる必要のある問題が出題されていると、点数が取れないということもあるでしょう。出題された問題が、なにを問う問題で、なにを答えればよいのか、ということを判断する力も含めて実力です。

　過去問に取りかかり始めたころは、思うようにいかず、もどかしい思いをすることもあるでしょう。しかし、それを経験してこそ、実力は身についてくるものです。過去問演習をやりっ放しにせず、なにができるようになっていて、なにができていないのか？　できないことを克服するにはなにが必要か？　といったことをていねいに振り返ることが、過去問演習の効果を高めることにつながります。

点数計算のチェックポイント

　過去問でどのくらいの点数が取れ

れば合格できるのかということは気になるポイントではあると思いますが、合格に求められる点数は学校により異なり、同じ学校でも日程(回数)によっても異なります。

かならずチェックしておいてほしいのが、「合格者平均点」と「合格者最低点」です。教科ごとに合格者最低点をクリアできるようになることが、過去問演習の目標となります。また、4科とも合格者平均点を超えてくれば、合格は有望といえます。

過去問演習を始めると、どうしても「足りないところ」に目が行きがちで、どうすれば満点に近づけるのかという発想になることがあります。しかし、入学試験は、満点が求められる試験ではけっしてありません。高い目標を掲げるのは悪いことではありませんが、合格に必要な点数に対して、自分はどこまで到達できているのか、という視点を持ってみましょう。

また、点数が思うように取れないからといって、「この学校の問題とは相性が悪い」などと判断する前に、過去問演習の結果を、もう少し分析的に判断することが大切です。たとえば、算数で苦手としている図形に関する問題が多く出題されているから点数が伸びていない、といった要因をまずは見極めましょう。そのうえで、「なにを改善すれば点数が伸びるのか」という前向きな発想が必要です。

自分で解決する学習姿勢を身につける

最後に、生活習慣と学習のつながりに関してお話しします。ミスをしても時間が足りなくなっても、本人はまったく意に介さない、どうすればいいだろうと悩むかたもなかにはいらっしゃるでしょう。そのような受験生は、たんに学習の場面だけでなく、日ごろから生活全般が「他人任せ」になっていることが多く見られます。あれこれしてもらうことに慣れきってしまっているため、「自分で解決しなければ」という意識が希薄になっている状態です。そのため、忘れ物をしても気にならない、つまり、だれかがかならずフォローしてくれると思っています。それと同様に、字の書き間違いや計算ミス、時間切れも、「自分の問題ではない」から気にならないのです。

幼少期からの積み重ねである場合はとくに、一朝一夕に解決する問題ではありません。これを機会に、「自分でできることは自分で解決する」という姿勢を、生活のなかから身につけるようにしてほしいと思います。その方が、ミスをするな、時間を意識せよと言いつづけるよりも、問題の解消は早いかもしれません。

まとめ

- 入試問題にこめられた学校からのメッセージを受けとめよう
- 過去問演習の目的は「相手を知ること」と「実力を伸ばすこと」
- 本番では自分ひとりの力で問題を解かなければならないという覚悟を持とう

Fight! 受験まであと100日

国語 「過去問」はこう解こう！

長文への対応

国語にかぎらず、入試問題の情報量は増える傾向にあります。過去問演習をつうじて身につけてほしいことのひとつが、短い時間で一定量の文章を読みきる力です。

国語の入試問題によく見られる形式は、文学的文章（物語文、随筆など）1題＋説明的文章（説明文、論説文など）1題（これに、独立した知識問題がつくことも）というパターン。答えを書くための時間も考えると、かなりの読むスピードが求められており、そのスピードが遅いと、それだけで大きな不利になってしまいます。

国語の過去問演習では、まず、時間内に文章を読んで解答するという一連の作業が全部終了するかどうかをチェックしてみましょう。読むのが遅い、読むのが苦手と感じている場合には、志望校以外の過去問も活用して、本文をどのくらいの時間で読みきることができるのかを計ってみましょう。

どうしても読み終わらないという場合、本文の意味のよくわからないところを何度も繰り返して読んでいたり、ぼんやり読んでいて文字が頭を素通りしたりしていないかどうかを確認してみてください。

また、設問をさきに読んで、関係するところの本文を読むという方法は、効率的に思えるかもしれませんが、これが通用するのは、ごく一部の問題にかぎられます。本文そのものの内容がわからないのに、設問内容を的確に理解できるというのは考えにくいことで、かえって非効率です。

さらに、設問をさきに読むと、どうしてもすぐに解答を書きたくなります。文章世界の内容を知らないまま問いに答えようとしているわけですから、答えられないのは当然です。にもかかわらず、答えようとすると、どうしても推測や思いこみが入りこみ、結果、見当はずれの答えになってしまいます。

思考の過程を「復習ノート」に残す

過去問演習は、答え合わせで終わりにせず、その後の復習をていねいにすることが大切です。自分がどのように考えたのかを言葉に残す「復習ノート」をつくるのも復習のよい手段です。

国語の復習ノートのポイントは、まちがえた問題や、わかっているかどうかが怪しい正解できなかった問題について、解答や解説を読んだり、または、塾の先生などの説明を聞いたりしながら、どうしてそのような答えになるのかを、「自分の言葉で書き記しておく」ことです。選択問題の場合には、どうしてその選択肢を選んだのかという根拠にあたる部分が、本文のどこに書かれているのか（または本文のどこに反するのか）といったことを、自分の理解のとおりに書いておきましょう。

また、条件のある記述問題はもちろんのこと、自由記述の問題であっても、かならず書かなければならないキーワードがあるはずです。復習ノートには、そのキーワードはなにか、そして、なぜそれがキーワードになるのかを書いておきましょう。

同じ問題を反復学習することも大切です。同じ文章を繰り返し読むことで、理解が「深化」していきます。この過程で読む力が身についていきます。

伝わるかどうかをチェックしてもらおう

国語の記述問題は、かならず塾の先生に（家では、保護者のかたに）採点してもらうようにしましょう。

自分で書いた文章は、自分の理解に基づいて書いているため、たとえ言葉足らずであっても自分では書かれている内容の意味がわかってしまい、どうしても採点が甘くなります。他者の視点で読んでもらい、記述内容が相手にじゅうぶん伝わるかどうかをチェックしてもらいましょう。

また、自分で書いたものを自分で読み返して、伝わるかどうかが判別できるようになれば、かなり国語力がついてきたことの証拠です。

伝わるという点では、字の読みやすさも大切な要素です。乱雑な字はどの教科においても不利になる可能性があります。どんなに好意的に採点しても、字が判別できなければ採点対象にはなりませんし、自分自身による読みまちがいはミスの原因になります。

ていねいに書くとスピードが犠牲になると思うかもしれませんが、じつは、乱雑に書いてもていねいに書いても速さはそんなに変わりません。書くスピードをあげるためには、書き写しをおすすめします。1日に長くて200字程度でかまいません。教科書や新聞のコラムなどの良質な文章を書き写してみましょう。このとき、かならず時間を計って記録をつけておきましょう。漢字の練習にもなります。

知識問題を得点源にしよう

国語の入試問題には、文章の内容を読み取る読解問題のほかに、漢字の読み書きや文法など、言葉に関する知識を問う問題が出題されます。

読み書きとも、過去問演習のなかでできなかった漢字は、かならずその場で覚えるようにしましょう。その際に、ひと手間を惜しまず辞書を引いて、意味といっしょに覚えることをおすすめします。機械的に繰り返し書くだけではなく、国語辞典の用例（国語辞典は、わかりやすい用例が載っているものを使います）を参考にして、短い例文を複数つくって「使える言葉」にしてしまいましょう。

使える言葉が増えるということは、語彙《ごい》が増えるということです。語彙が増えることは、自分の言葉で答えさせる問題などの記述力のアップにもつながります。

最後に国語の過去問の注意点として、近年、市販の過去問集に国語の問題文が掲載されていないことがあります。過去問を集めたウェブサイトでも、国語だけアップされていないことがあります。著作権上の問題がその理由ですが、掲載されない場合は、たいてい原典がしめされていますので、可能なら該当箇所を読んでおくと、どのような文章が出題されたのかを知ることができます。

まとめ

- 時間内に読みきる力をつけよう。
- 記述問題の解答は、相手に伝わるかどうかをチェック。
- ていねいな字も字を書くスピードも、実力のうち。
- 短文作成で、語彙を増やそう。こまめに辞書を引こう。

Fight!

受験まであと100日

算数 「過去問」はこう解こう！

「初めて見る問題」への対応方法

実際の入試問題を解いてみると、これは初めて見る問題だ、と感じることがあります。また、これは割合の問題？　いったい何算の問題？　という判断ができず、ストップしてしまうケースもあります。

入試問題には、これは○○算ですよ、これは○○の公式の問題ですよ、という表示はありません。それに、いくつかの単元の要素を組み合わせた問題が出題されることもあります。

単元ごとの学習では、たとえば相似を活用する問題だとわかっているからできていた問題が、なにもしめされない状態ではそれに気づけず、問題が解けなくなります。

そして、上位校の入試問題では「初めて見る」問題にであう可能性が高まります。

でも、必要以上に恐れることはありません。初めて見る問題＝難問ではないからです。それに、じつはけっして「初めて見る」わけではないのです。

算数の入試問題は、自分がこれまでに培ってきた力をさまざまに駆使して、目の前の問題が解けるかどうかが試されています。算数の問題文は、たいていは合理的で、ムダがありません。図やグラフも含めて、すべて問題を解く手がかりです。そして、それらの手がかりは、これまでにどこかで学習したことや、その応用です。見たことがないと感じても、かならず手がかりは見つかります。過去問演習で体得しておいてほしいことは、この手がかりを見つける粘り強さです。

だから、過去問演習は、初めて見ると感じる問題と向き合うチャンスだとも言えます。「彼を知り己を知れば百戦危うからず」とはよく言ったもので、過去問演習をつうじて「彼を知る」すなわち、自分の志望校の問題の傾向や特徴といったものがわかってくるはずです。

満点は不要 合格ラインを見極める

入試問題にはほとんどの受験生ができないという問題が出題されることがあります。算数でも、正解率が結果的に2割をきるような難問が出題されたこともあります。

難問に果敢にチャレンジすることも大事です。しかし、一定時間考えて、手がかりすら見つからないときは、その問題からいったん離れてつぎへ進む、という引き際も大事です。つまり、これはひと筋縄ではいかない、またはきっかけすら見つからない、となったときに、頭を切り替えて、別の問題を解くために時間を使うということです。

制限時間のある入試問題では、このような時間の使い方の判断も求められます。ただし、日ごろの学習姿勢のなかで、ちょっと考えてはやめてしまう、という姿勢がクセにならないように気をつけてください。それでは、合格ラインのはるか手前で諦めることになってしまいます。

逆に考えると、入試問題を解くなかで、これは自分の力で解けるという問題をきちんと見つけられることも大切な力です。

計算問題やいわゆる単純な1行問題などは、できると判断することが多いと思いますが、一見複雑に見える大問のなかに、いくつかの小問が含まれている場合、(3)はできなくても、(1)と(2)ならできる、という場合もあります。

大切なことは、前述しましたが、入学試験では全部解ける(つまり満点をとる)必要はない、ということです。過去問演習をつうじて、このことを実感しておくことができれば、解けない問題にぶつかったからといって、不必要にあわてたり焦ったりすることがなくなるはずです。

過去問演習をつうじて、自分の「強み」をしっかりと把握しておきましょう。「これならできる」という問題を積み重ねると合格ラインに届くということは、じつはよくあることです。

ミスをなくすには「工夫」が不可欠

計算ミスに代表されるように、算数にはミスしやすいところがいっぱいです。そもそも、人間はミスをするもの。まして、厳しい時間制限のなかでは、ミスはつきものです。

「ミスをしないように気をつけよう」というアドバイスは、じつは、なんのアドバイスにもなりません。自分のミスに「気づかない」からこそミスなのであって、「気づく工夫をする」ということが大切です。

最終的になんの数値を答えることが求められているのかを確認しているか、単位は間違っていないか、図形への数値や記号の書き込みはわかりやすい位置に書かれているか、狭いスペースに無理に小さな字で筆算していないか、チェックポイントは数多くあります。同じことを繰り返すようなら、なにをチェックすべきかを書きだして、リストにしておきましょう。

日ごろから、問題を解くときに、その過程をなるべく残しておくことも大切です。ミスに気がついたとき、素早く対応できるからです。答えがでて検算してみてまちがいに気づいたとき、問題用紙に手がかりが残っていれば、まちがいの修正にかかる時間は短くなります。

また、生活のなかでの具体的な数字のイメージを持てることも、ミスを軽減してくれます。500mlはどの程度の分量なのか、人は1分間に何mくらい歩くのか、などなど、数値を具体的にイメージできれば、でてきた答えの数値がおかしいとき、どこかにミスがあることに気づくことができます。

制限時間の意識づけ

当たり前のことですが、実際の入学試験には制限時間があり、そのなかでかなりの作業量が求められます。ですから、過去問は時計やタイマーを使って時間内に1年ぶん（1回ぶん）をとおしてやりましょう。

とくに算数は、どんどん時間を消費してしまう教科です。時間内に終わったところまでが、自分のいまの実力、という意識を持つことが必要です。

初めて見るような問題にぶつかってしまったときに、いつの間にか時間が経ってしまっていたり、逆に算数好き（とくに難問好き）のために、むずかしい問題をできるまでやろうとして、いつの間にか時間が過ぎた、ということが起こるのが算数という教科です。諦めずに最後まで挑戦する姿勢は大切ですが、制限時間がある以上、やはりどこかで見切りをつける必要があります。過去問演習をつうじて、全部解ききるのではなく、時間内にできるところを正確にやりきる、という意識に切り替えられるようにしましょう。

まとめ

- ミスをなくすには「工夫」をしよう。
- 「初めて見る」と感じても、「手がかり」は見つかるはず。
- 計算問題など、できる問題を確実にとれるようにしよう。
- できる問題を積み重ねて合格ラインに届かせよう。
- 自分の強みを知って自信につなげよう。

Fight! 受験まであと100日

理科 「過去問」は こう解こう！

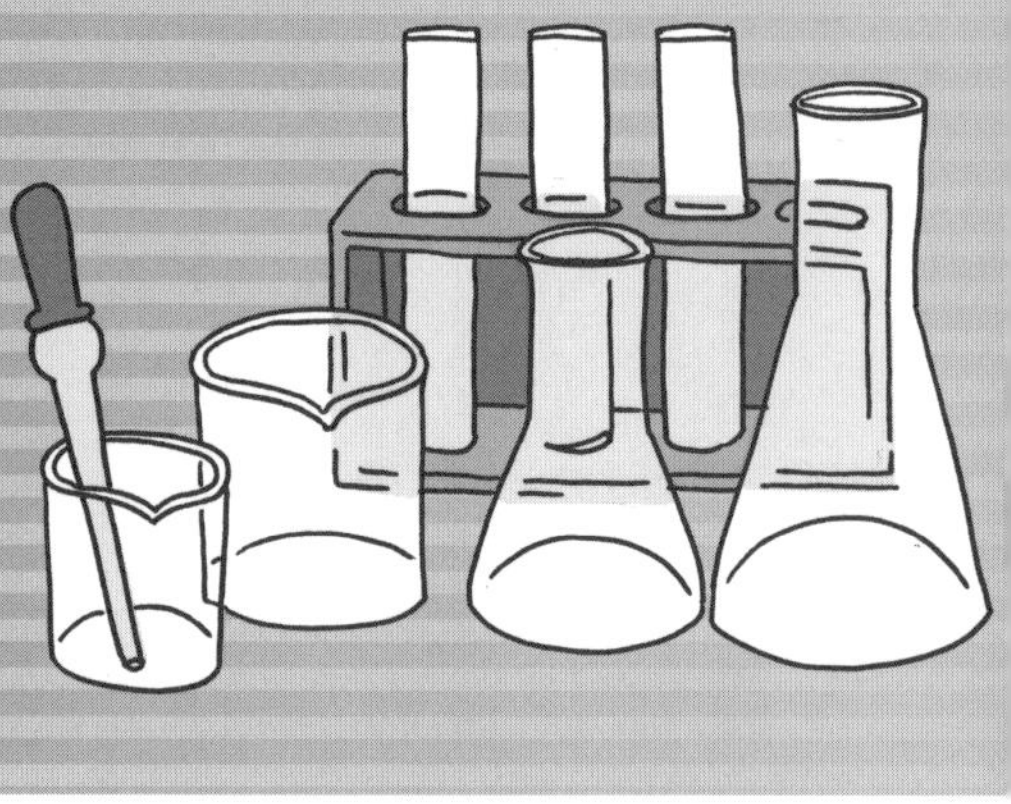

情報を読み取る力と情報をもとにして考える力

問題文の長文化は、国語だけではなく、理科や社会でも同様に見られます。理・社の場合、それにグラフや図表、写真などの資料が加わることもあります。いずれにしても、文章・グラフ・図表・写真などの資料から、必要な情報を読み取る力が求められています。そして、その読み取った情報の内容を手がかりとして問題を解くことが求められています。このさきもこの傾向はつづくと思われ、情報を読み取り活用する力は、入学試験で求められる力のひとつとして必須のものとなりつつあります。

こうした問題は、誤解を恐れず言えば、テキストに書かれているような知識は不要な問題です。知識が不要ということは、言い換えれば資料のなかに問題を解く手がかりがすべてある、ということです。

理科が得意（だと思っている）な受験生のなかには、こうした問題に弱いタイプがいます。その原因は、覚えるのは得意でも（または、暗記が得意であるがゆえに）、ものごとを考える習慣がじゅうぶんに身についていないことが考えられます。

このような問題にであったら、その問題をつうじて「新しいことを学ぶつもり」で、問題文や図、グラフの一つひとつの意味を確認しながら解いていきましょう。一見して、見たことがない、歯が立たないと思っても、じつは与えられた資料を読むことで、じゅうぶん解ける問題だということがわかってくるはずです。

とくに、知っていること（覚えていること）で、すべて解決しようとしているタイプの受験生の場合、なるべく多くのこうした問題を解いて、知らないことでも順序立てて考えれば、解答にたどりつけるという経験を積んでおくことが必要です。

「暗記力」が足を引っ張る？

「正確に覚えられる」「なんでも暗記が得意」ということが足を引っ張るなんて、にわかには信じられないかもしれません。しかし、さきに述べたように、問題を解くときに「覚えていること」が「考えていない」ことにつながることがあります。

よく覚えているということは、ときには「考えなくてもできる」ということです。小テストでも単元テストでも、模擬試験でも、覚えていることを確認するための問題はたくさんあります。覚えてさえいれば、これらの問題はできてしまいます。それを実力と思ってしまい、反射的に解答することをつづけていると、考えないクセがつくということになりかねません。

これまで理科が得意だと思っていて、小テストなどで理科の点数がよかった人は、問題を「しっかり考えて解いているかどうか」をチェックしてほしいと思います。

過去問を解き始めてみても、これまでと同じように点数がとれているなら、心配はいりません。一方、過去問を解き始めたところ、急に問題が解けなくなったり、点数がとれなくなったりした場合は、考えられていない可能性があります。

このように「用語の意味は覚えている。実験内容も、図の意味もよく覚えている」ということが、過去問を解くにあたって足を引っ張ることがあるのです。

これを回避するには、日ごろの学習から、なぜそうなるのか？　という疑問を立てて、それに対して自分の言葉で答えてみることをするように心がけましょう。点数が取れているからといって安心せず、自分が「ちゃんと頭を使っているか」をチェックしながら勉強することが大切です。

もちろん、暗記することをないがしろにしていいということではありません。「覚えていること」も大切。しかし、覚えているだけでは「理解していること」にはならないのです。

初めて見る問題を、暗記に頼って解くことはできません。そのとき、これまでどれだけ考えてきたかが問われるのです。

実験の問題にも「なぜ？」の問いが必要

「定番の実験」という言葉があるくらい、理科の入試問題には実験を題材にした問題がよく出題されます。テキストでおなじみの実験、また、繰り返し出題される実験というものもあり、図を見ただけで、どの実験かがわかってしまうという人もいることでしょう。

もちろん、実験を題材にした問題のなかにも、実験に使用する器具や物質の名称を答えさせる問題や、たんに実験結果を問う問題など、覚えてさえいればできる問題もあります。

しかし、単純な知識としてではなく、実験の過程をきちんと理解できているか、それぞれの手順の意味を理解しているか、また結果にはどのような意味があるのかを問う問題も増えてきています。

過去問演習の復習の際に、出題された実験の一つひとつについて、なぜその実験をするのか（実験の目的）、どうしてこの操作をするのか（手順の意味）やどうしてそうなるのか（実験結果の理由）ということを、ノートにまとめておきましょう。

よく知っている実験であっても、ノートに書くという手間を惜しまず、頭を使って整理するという作業を積み重ねることで、たとえ初めて見る実験を題材にした問題にぶつかっても、応用が効くようになってきます。

記述問題の解答は「正確」であること

ほかの教科と同じように、理科でも記述問題が増えています。これも、理解していることを問う傾向の現れです。その記述問題で大切なことは、第一に内容が正確であることです。

解答作成の際に気をつけてほしいことのひとつが、字数や解答欄の大きさにとらわれて長い答えを書こうとしてはいけない、ということです。字数が足りなくなることを気にするあまり、不要な言葉を書きすぎてしまったり、不正確な内容を書いてしまったりすると、大きな減点となり、点数をもらえないこともあります。

理科の記述問題では、長い短いは気にせず、なによりも正確な記述を心がけることが肝心です。

まとめ

- 図もグラフも問題を解くための手がかり。正確に情報を読みとれるように練習しておこう。
- 「覚えていること」に満足せず、「頭を使って考える」ことを習慣にしよう。
- 実験の目的、手順の意味、結果の理由をよく考え、ノートにまとめておこう。

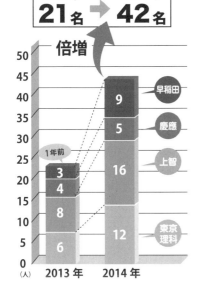

Fight! 受験まであと100日

社会 「過去問」はこう解こう!

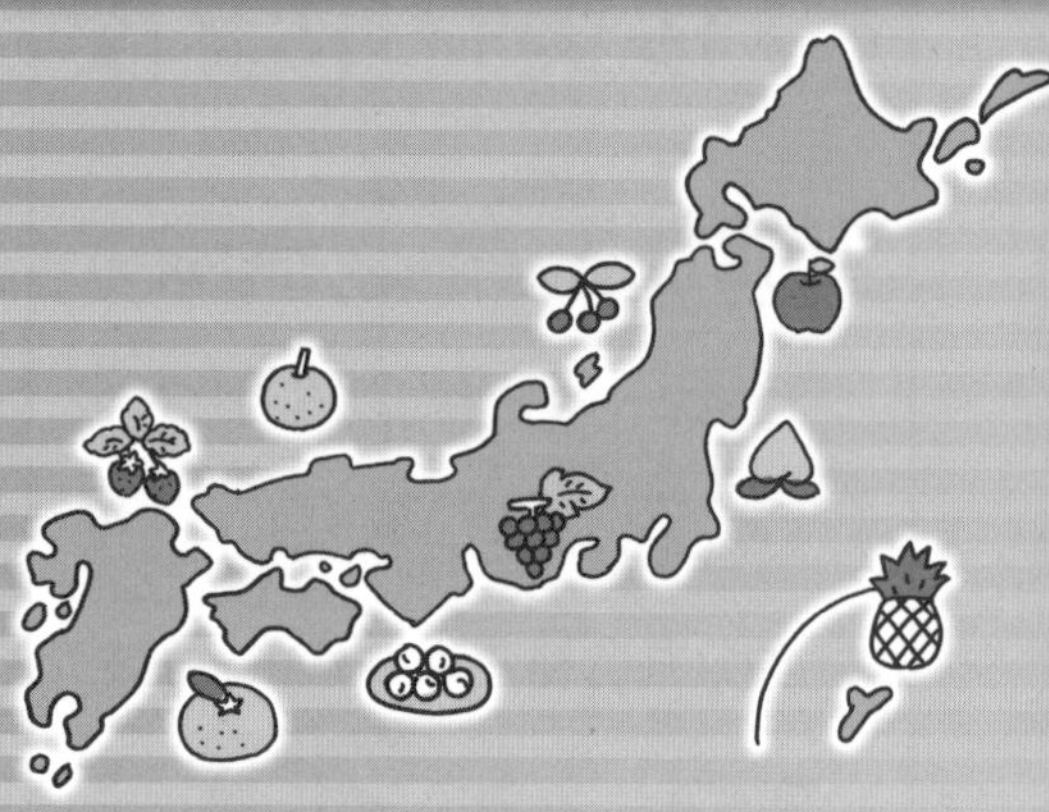

社会は覚えれば なんとかなる教科?

社会という教科を、覚えれば点数のとれる、いわゆる暗記教科と考えている人は少なくありません。

確かに、社会は覚えなければならない事項の多い教科です。しかし、社会科は、教科の名前のとおり「社会全体」をあつかう教科であるため、学習の対象となる範囲が広く、暗記だけでなんとかするのは非効率な教科です。また、すべてを暗記で解決できる教科でもありません。

最近の社会の入試問題にみられる特徴として、つぎの3点があげられます。

(1) 図表、グラフ、写真、地図の多用
(2) 世の中で関心を集めている話題に関連する出題
(3) その場で考えさせる問題の増加

これらから読み取れる、各中学校が求めている社会科の力とは、つぎの3つの力ではないでしょうか。

(1) 与えられた資料から、きちんと意味のある情報を読み取る力
(2) ふだんから世の中のできごとに関心や問題意識を持っている力
(3) 自分の知識と得られた情報を結びつけて考える力

入試対策という点からみると、細かな知識を覚えようとするのではなく、数は少なくても、正確で深い理解をともなう基本的な知識を持つようにし、また、それらの知識をベースにものごとを考えられるようにしておくことが大切だといえます。

とはいえ、社会が「暗記不要」の科目だということではもちろんありません。なかには、受験用テキストに載っているような知識は不要で、問題のなかの資料だけから考えさせる問題を出題する学校もありますが、そのような例は数多くありません(逆に、覚えているかどうかでほとんどが決まってしまう問題の学校もあります)。

暗記に頼るのではなく、考える際の骨格となる基本的知識を身につけるという学習姿勢が大切だということです。

身につけたいのは 「つながり」のある知識

では、基本的知識をどのように覚えることが効果的な学習になるのでしょうか。いわゆる一問一答形式の知識をつづけていると、それらの知識がなかなか考える材料になってきません。地名や人物名、年号などを覚えても、それぞれが別々の知識としてインプットされるだけで、「つながり」が生まれてこないからです。

たとえば、地理の学習の場合、地図に情報を集約するという学習方法があります。別々の情報を地図に集約することで、地形と産業が結びついていることや、地形と気候が結びついていること、さらに気候と産業も結びついていることが、目で見えるようになってきます。歴史も、年号とできごとを一対一で覚えるだけではなく、理由や原因、できごとに関係する人物、その後の影響を、ストーリーにして覚える工夫をしてみましょう。公民分野や時事問題は、制度や仕組みが、私たちの日常生活とどのように関係しているのかを考えておくと抽象的な言葉の理解の助けになります。

入試問題には、ひとつの題材をつうじて、これらのつながりを理解しているかどうかを問う問題が多くあります。過去問演習の復習の際に、この「つながり」をノートにまとめ、理解を深めていきましょう。

「なぜ?」という 問いかけを大切に

この「つながり」を理解するのに

役に立つのが、「なぜ？」という問いかけです。

当たり前の知識のように思っていることも、「なぜ？」という問いかけによって、さまざまな結びつきが生まれます。

たとえば、「東北各県や新潟県で米の生産がさかんなのはなぜなのか？」「なぜ衆議院と参議院の二院があるのか？」このように、たくさんの「なぜ」という問いを見つけ、書きだしておきましょう。

できごとや制度の意味を考えたり、それを言葉で表現したりするときのよい練習になります。

大きな出来事は学習のチャンス

２０１４年のできごとといえばどんなことを思い出しますか？　ソチオリンピックや、サッカーのワールドカップが開催されましたね。また、２月には関東甲信地方が大雪に見舞われ、４月には消費税が８％に引き上げられました。このようなできごとには多くの人が関心を寄せます。

時事問題の学習というのは、入学試験にでるから学習するというより、そのできごとに関心があるうちに、つまり、学習効果が高まるタイミングで学習することが効果的です。まさに、日ごろから世の中に関心を向けておくことが大切なのです。

ひと手間の工夫がミスを防ぐ

どの教科でも、「ミス」による失点ほどもったいないことはありません。社会の過去問演習の際にも、ミスをなくすための手作業による工夫をしましょう。そして、それが習慣化するまでつづけましょう。

たとえば、設問を読む際に気をつけるべき点に印をつけて注意を促すという一連の流れを、手が自然に動くように身体で覚えておきましょう。

「誤っているもの」や「ふさわしくないもの」という聞かれかたや、「すべて」「ふたつ」という選ぶ個数の指示がでてきたら、その部分に下線を入れる、丸をつけるなどの印をつけておきます。

これは明らかにちがうと思う選択肢には、まちがった記述だと思う箇所に×印をつけるなどして「誤った選択肢であることの確認」をすることでもミスは減ります。

どこまでの空欄かのチェックも必要です。「（　）県」となっている空欄に、たとえば「神奈川県」と県をつけて答えてしまわないように、空欄の「県」の字をめだつようにしておきましょう。

こういったひと手間を習慣にすることによって、ミスを少なくすることができます。

まとめ

- 核になる確実な知識を身につけよう。
- 「つながり」や「ストーリー」を自分の言葉で説明してみよう。
- 「なぜ？」「それで？」とつねに問いかけよう。
- ミスを防ぐポイントは、ひと手間の習慣化。

Kamakura Gakuen Junior & Senior High School

鎌倉学園 中学校 高等学校

最高の自然・文化環境の中で真の「文武両道」を目指します。

〒247-0062 神奈川県鎌倉市山ノ内 110 番地 TEL.0467-22-0994 FAX.0467-24-4352 JR 横須賀線 北鎌倉駅より徒歩約 13 分

http://www.kamagaku.ac.jp/

2014 2015

【中学校説明会】

10月23日(木)13:30～・10月25日(土)13:30～
11月 8日(土)13:30～・11月29日(土)13:30～

ホームページ学校説明会申込フォームから予約の上、ご来校ください。
※各説明会の内容はすべて同じです。(予約は 10 月より)

【中学入試にむけて】

12 月 13 日 (土)10:00～11:30

2015 年度本校を志望する保護者対象 (予約は 11 月より)

互いの価値観を尊重し
一人ひとりの個性と自主性が
発揮される校風
VERITAS
学校説明会
9/13(土) 6年生対象 10:30～12:00
5年生以下対象 14:00～15:30
10/15(水) 6年生対象 10:30～12:00
10/16(木) 5年生以下対象 10:30～12:00
11/15(土) 6年生対象 10:30～12:00
文化祭［吉祥祭］
9/20・21(土・日) 入試相談コーナー設置
運動会
9/26(金) 於 八王子キャンパス
入試問題説明会
12/7(日) 6年生対象 10:30～12:00
14:00～15:30
※午前・午後とも同じ内容です。
※平成26年度第1回(2月1日実施)の入試問題の解説を行います。
問題は9月以降の学校説明会で配布します。
●平成27年度入試概要
第1回 第2回 第3回
募集人員 114名 90名 30名
試験日 2/1(日) 2/2(月) 2/4(水)
試験科目 国語・算数・社会・理科
吉祥女子中学校
http://www.kichijo-joshi.ed.jp
〒180-0002 東京都武蔵野市吉祥寺東町4-12-20 TEL:0422(22)8117
■JR中央線・総武線・地下鉄東西線直通 西荻窪 下車 徒歩8分 ■西武新宿線 上石神井から「西荻窪駅」行きバスにて15分 地蔵坂上バス停下車 徒歩8分

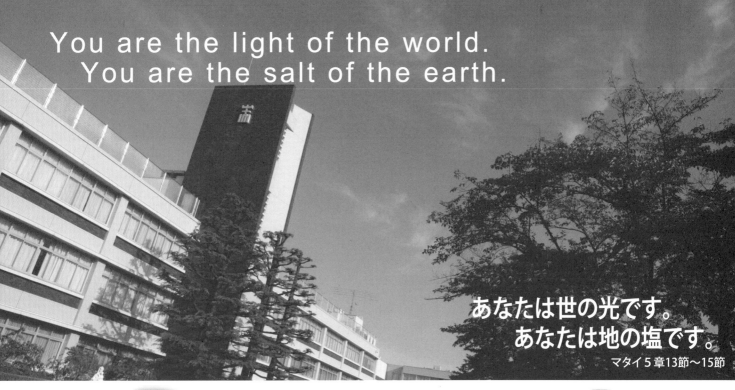

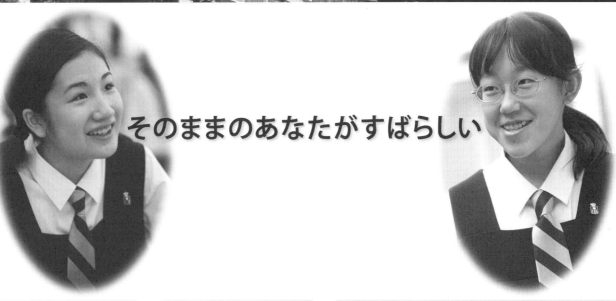

Fight!

受験まであと100日

知っておきたい 公立中高一貫校の「適性検査」

名前は「適性検査」でもその内容はやっぱり試験

公立の学校は、各自治体の教育委員会の指示にしたがって運営されています。そして公立中高一貫校は「受験競争の低年齢化を招かないように」という文部科学省の指導によって、学力検査は行わないことになっています。ですから、公立中高一貫校の入試は「入学試験」ではなく、「入学者選抜」と呼ばれます。また、「受験」とは書かず「受検」と書きます。だからといって入試がないわけではなく、学力検査の代わりに適性検査が実施されています。ここでは、公立中高一貫校、とりわけ首都圏で実施されている「適性検査」の実際についてお話します。

合否のポイントとなるのは やっぱり適性検査

首都圏の公立中高一貫校における入学者選抜の方法は「報告書・適性検査・作文・面接・実技検査」などによって総合的に合否が判定されます。神奈川の中等教育学校2校では、「グループ活動による検査」という検査も行われています。

これらのなかでも、最も評価の比重が大きいのが適性検査です。

ただ、公立の中高一貫校では学習指導要領の「小学校で学ぶ範囲」を超えた内容で検査をすることはできません。このことは、学校教育法施行規則でも定められています。

私立の中高一貫校の入試では、ときとして小学校の学習指導要領を超えた内容が出題されることがありますが、公立中高一貫校では、小学校で学んだことのなかから出題されるのが前提です。

しかし、公立の中高一貫校でもすぐれた生徒に入学してほしいのは当然です。

ですから、公立中高一貫校の適性検査の出題は、入学後の6年間に生徒をかならず伸ばすことができるように、少なくとも「ここまでの学力はほしい」と、基礎的な学力や資質を見極めようとしています。

そのため、適性検査はさまざまに工夫された出題となってきます。学校によってちがいはありますが、科目の枠をとりはらった融合問題となっていることがほとんどです。

複数の教科を組みあわせたり、活用したりするなど、解く力だけでなく総合的に考える力が試されるわけです。

また、「どう考えるのか」「なぜそう思うのか」を文章にまとめ、記述して表現する問題が多くだされます。

つまり、「覚えている」「知っている」だけでは解答を得ることはできません。知識の量や、習熟された解法を用いて解答するのではなく、思考力・表現力などを発揮できるかどうかが合否の分かれ目となります。

日常生活のなかで、身のまわりのことに関心を持ち、自分の意見をまとめ、その意見を理由とともに表現できることが必要です。

日ごろから家庭内でなにを見て、どんな会話を交わしているのか、小

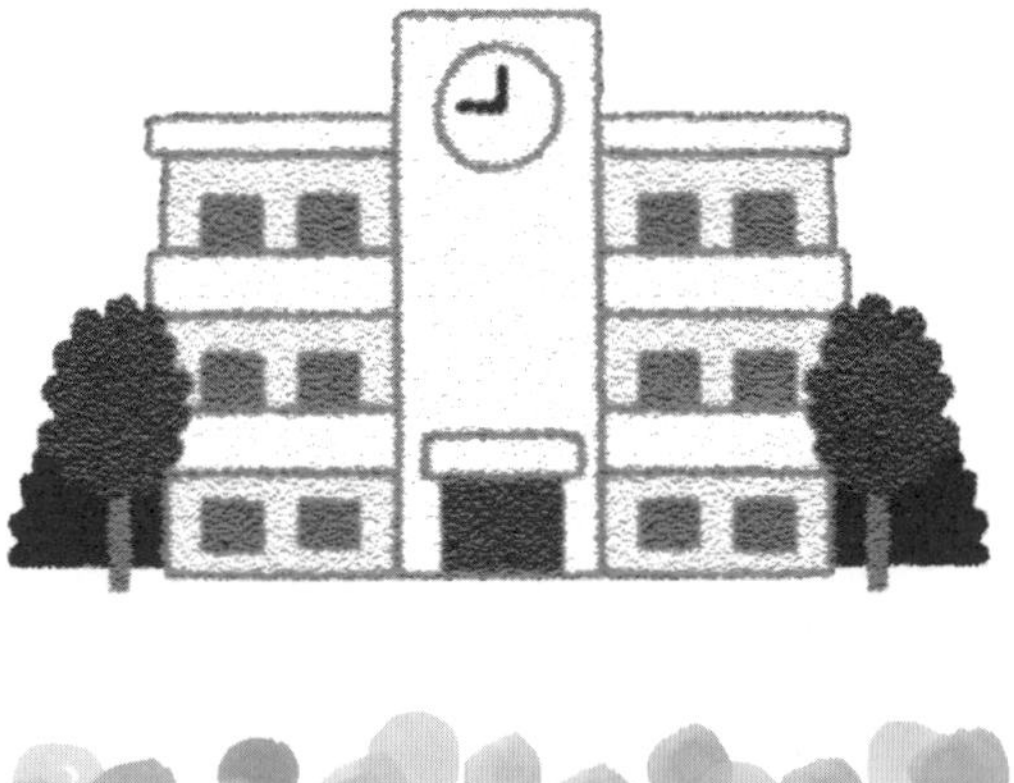

学校での活動や学びに意欲的に取り組んでいるかなど、日々をどのように過ごしているかも重要になってくるわけです。

過去の問題を調べて志望校の特徴を知る

公立中高一貫校の受検にあたっても、私立中高一貫校の入試と同様、志望校の出題傾向をしっかりと認識して、じゅうぶんな準備をすることが合格のポイントになります。

特定の科目にとらわれることなく、まんべんなく学習しておくことも必要です。

公立中高一貫校受検は、当然、居住地によって出願資格が制限されています。ほかの都道府県の公立中高一貫校への出願はできません。また検査日も統一され、ほかの公立中高一貫校を併願することは不可能です。

ということは、その居住地の学校の適性検査を研究することが大切だと言えます。検査の形式や内容は、都立、県立ごと、市立、区立ごと、また学校ごとにさまざまです。ですから、適性検査ならどこのものでもいいだろうと、出題傾向が異なる学校の過去問題に取り組んでも意味はありません。出題傾向がまったくちがう場合には、効果がないばかりか、むしろ弊害ともなりますので、注意しましょう。

過去問題で学校からのメッセージを読み解く

ほとんどの学校の適性検査は45分が検査時間となっています。これは現行の小学校の授業時間に合わされていて、それ以上の時間を課すのは好ましくない、という考え方からです。

ところが、この時間内で多くの資料や文章を読み解き、解答へと表現するのは至難です。

決められた時間内で自らの力を最大限に発揮できる集中力、さらに時間配分する力も必要です。

さて、適性検査には各校の教育方針や育てたい生徒像が反映されています。学校によって、問題内容や評価の観点がちがってくるのはこのためです。

それを理解していれば、まず志望校の教育方針や理念、特色を理解するところから始めるのが第1歩だということがおわかりでしょう。

東京都立の中高一貫校は、来春の2015年度（平成27年度）入試から10校での共同作成問題と各校独自の問題（適性検査ⅠとⅡの4問のうち1問または2問を独自問題に差し替え）とを組みあわせて出題されることになっています。

どのように組みあわせるかなどの詳細は9月に各校ホームページで発表されますが、さらに独自の特色をだすために適性検査Ⅲを実施する学校が従来より多くなりそうです。適性検査Ⅲで多くの出題ができるからです。適性検査Ⅲを実施する場合はⅠ・Ⅱで独自問題への差し替えは1問以内となります。

共同作成問題の採用で、各校の適性検査の特色が薄まるかとも言われていますが、この適性検査Ⅲの採用などで、かえって強まる学校があるかもしれません。

各校のホームページには、独自問題のサンプルが掲載されています。また、共同作成問題のサンプルも掲載されていますが、この全容を知るために全10校のサンプルを閲覧することをおすすめします。共同作成問題のサンプルは、各校1問ずつ程度しか掲載していないからです。

都立の中高一貫校にかぎらず、志望校の過去問題やサンプル問題をしっかりと見て、そこに隠されている学校からのメッセージを読み解くことから始めましょう。適性検査対策はそれがスタート地点です。

適性検査で試される5つの力

各校とも入学者選抜にあたり、「出題のねらい」がホームページで公表されています。

これらの「ねらい」を見ていると、首都圏の中高一貫校の適性検査が試そうとしている力が見えてきます。

それは以下の5つの力にまとめられます。

「読解力と資料を読み解く力」「筋道を立てて考える力」「問題解決力と計算力」「作文力、表現力」「教科知識の活用力」の5つです。

これらの力を試そうとする適性検査問題は、私立の中高一貫校の入試問題とは、かなりちがったものに見えます。やさしいのかといえば、そうとは言えません。けっして取り組みやすい内容とは言えず、おとなでも面食らう問題も多くあります。合格するためには、高い理解力や表現力が要求されます。

つぎのページから、この「5つの力」について、過去の適性検査問題を見ながらなにが試されるのか見ていきましょう。

試される力 1

読解力と資料を読み解く力

表やグラフを読み解き自分の考えを表現する

公立中高一貫校が共通して求めているのが「資料を読み解く力」です。これは、表やグラフがしめされ、それをもとに、それらの資料からわかることを書いたり、その内容について自分なりの考えを記述する、というかたちの解答になります。

「試される力・4」で、後述しますが、公立中高一貫校適性検査の特徴として各校とも「作文」を課します。ほとんどの問題が論説文やエッセイの一部や短文を読んだあと、自分の考えを記述するのが「作文」です。つまり、ここでも文章読解力が大きく問われます。

さて、資料を読み解く問題は、学校によって特徴があり、「資料からわかったことを書く問題」「資料からわかったことをしめし、その理由を書く問題」「わかったこと、その理由などをもとにして、自分の考えを書く問題」などがあげられます。これらが組みあわされた問題となることもあります。このタイプの適性問題で求められる「資料を読み解く力」をつけるためには、日ごろからグラフや表、地図、また新聞記事などを読みこんでおくことが大切です。

とくにグラフや表、地図では、地域間のちがいや、時間（経年）の変化によるちがいを読み取ることが求められることが多くなります。

2014年度東京都立南多摩中等教育学校・適性検査Ⅰより

資料１　富山市の自転車市民共同利用システム

- 前もって登録した市民が、富山駅周辺に設置された「ステーション」に置いてある自転車を自由に利用し、再び「ステーション」に返きゃくし、利用時間に応じて利用料を支払《はら》う。３０分以内は料金が無料で、それ以上は料金がかかる。
- 自転車は個人のものではなく「ステーション」に置かれている複数の自転車を共同利用する。
- 自転車はどのステーションでも借りられ、別のステーションにも返きゃくできる。
- 富山駅前に設置されたステーション（写真）

- ステーションの設置場所

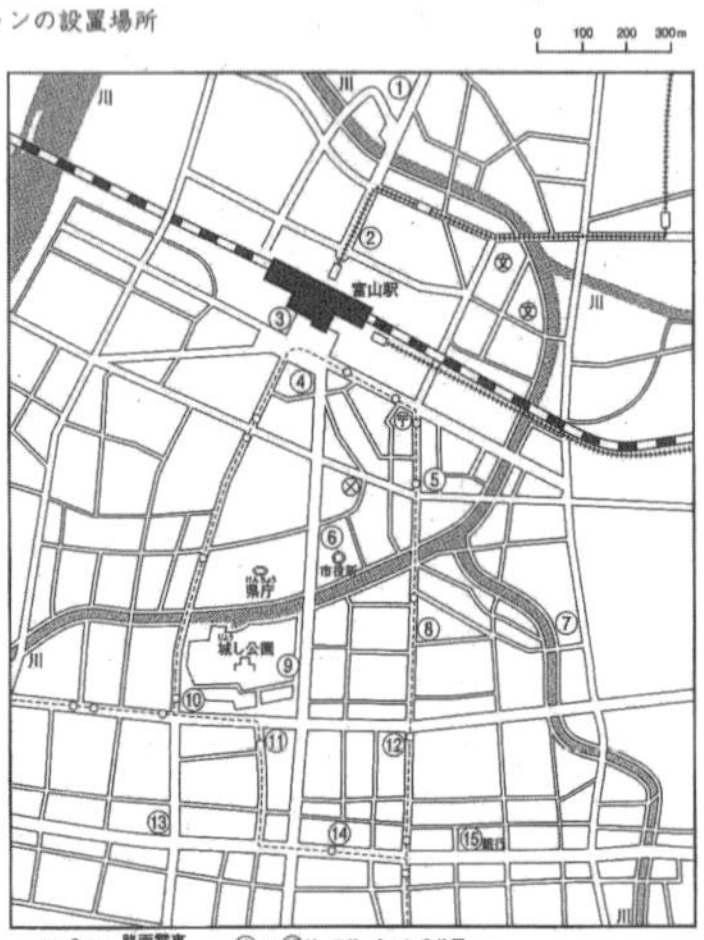

（富山市役所のホームページより作成）

―2―

地図の読み方は小学校で勉強しますが、地図そのものに興味を持ち、目的を持って地図を読むことを習慣づけておかないと、この問題には閉口します。家族旅行などの際にも、「地図を見る」のではなく、「地図を読む」習慣を持ちましょう。

よく使われている自転車ステーションはどんな場所にあるのか。自転車が使用される時間帯のピークは何時ごろか。それらの点からどんな人がどんな目的で自転車を使用しているのかが推測できます。

計算すると市民ひとりは約7.9分しか自転車を利用していません。30分まで無料ですから、もう少し使用してもよいように思われますが、ではいったい、市民はどんな目的で自転車を使っているのでしょう。

資料２　１ヶ月あたりの自転車の利用状況（平成２２年３月から平成２３年５月の平均）

利用回数の合計	利用時間の合計
３２４７回	４２６時間

（シクロシティ富山経過報告書より作成）

- 利用が多いステーションの番号（資料１の駅を中心としたステーション設置場所の番号）

第１位　ステーション⑥　第２位　ステーション④　第３位　ステーション③

資料３　１５分間（時間帯別）の利用回数の合計

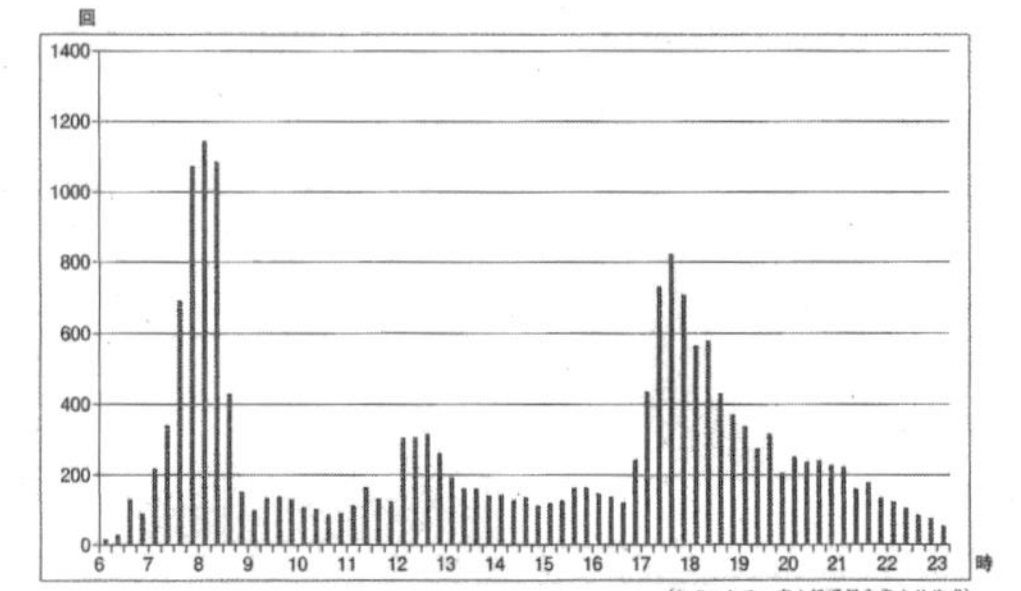

（シクロシティ富山経過報告書より作成）

＊一目盛《めもり》は１５分

みなみさんは市民がどのように自転車を利用したか、たいへん興味をもったので、いろいろな資料を集めました。そして、**みなみ**さんは市民が１回あたりどのくらいの時間利用したかを計算して、時間帯別の利用状況とあわせて市民の利用状況について考えてみることにしました。

【問題１】　富山市の自転車市民共同利用システムによる１回あたりの平均利用時間を分で求めなさい。求める数は小数第二位を四捨五入《ししゃごにゅう》して小数第一位まで答えなさい。また、求めた数と**資料１**、**資料２**、**資料３**から、市民はおもにどのような目的で自転車を利用したと考えられますか。求めた数や自転車を利用した時間帯を示して答えなさい。

―3―

試される力 2

筋道を立てて考える力

与えられた条件を整理 順序立てて考えていく

公立中高一貫校が、適性検査で試す力のうち、「筋道を立てて考える力」が求められる問題は、その配点も高いので、過去問を研究しスコアアップしたいものです。

問題は、左のように会話文を発端とした問題、資料がしめされ条件を読み取ったうえで考えていく問題、その条件も必要なものだけ取りださねばならない問題、組みあわせのなかから整理して選びだしていく問題、順序を考えて並び直せば規則性が見つかる問題などさまざまです。

左の問題では、魚の卵数にちがいがあること、そのちがいによって親の習性にもちがいがあることに気づきたいものです。また、卵の概数を求める問題では、はじめに条件がしめされ、それに沿った実験や計算をしなければなりません。概数を求めるという考え方の筋道に気づくかどうかにポイントがあります。

このような力をつけるためには、問題に向かったとき、「与えられた条件をよく理解する」「条件のなかの規則性を見つける」「条件に見合うすべての場合を考え、順序立てて整理して考える」「全体を見過ぎず、条件を整理してわかるところから考える」などの考え方、整理の仕方を繰り返しておくことが大切です。

また、解答はひとつではないことも多くあります。このような場合は、問題の条件に合っていれば加点されます。ただ、自分の答えのほかにも答えがないか、つねに考える習慣をつけましょう。

2014年度東京都立三鷹中等教育学校・適性検査Ⅰより

1　**たかおくん**と**みつこさん**は、**先生**と魚の卵《らん》の数について話をしています。

たかお：昨日の夕食のおかずにシシャモがでたよ。シシャモの卵の数はとても多いね。
みつこ：魚は、1匹《ぴき》が1回に産む卵の数が多いという印象があるわ。どの魚もみんな同じような数の卵を産むのかしら。
先　生：鳥などと比べると、魚は1匹が1回に産む卵の数は多いですが、魚によってその数はさまざまです。**表1**を見てください。

表1　魚1匹が1回に産む卵のおよその数、卵の産み方、卵や子に対する親の習性

魚の名前	卵のおよその数	卵の産み方	卵や子に対する親の習性
ブリ	1800000個	水中に産む	そのまま何もしない
マダイ	1000000個	水中に産む	そのまま何もしない
コイ	600000個	水草に産みつける	そのまま何もしない
シシャモ	13000個	川底の砂《すな》に付着させる	そのまま何もしない
サケ	3000個	川底にほった穴《あな》の中に産み、うめる	そのまま何もしない
イトヨ	150個	巣を作り、その中に産む	子にえさをあたえる
タツノオトシゴ	50個	メスがオスのおなかの中にある袋《ふくろ》に産みつける	袋の中で卵をかえして、子が大きくなってから外に出す

（「原色日本魚類図鑑《ずかん》」などより作成）

たかお：イトヨやタツノオトシゴも魚ですか。
先　生：イトヨは全長4～5ｃｍの小魚で、タツノオトシゴは体を立てたまま泳ぐ魚です。
みつこ：「卵の産み方」や「卵や子に対する親の習性」によって「卵のおよその数」はずい分違《ちが》うのね。

【問題1】　魚1匹が1回に産む「卵のおよその数」が少なくなるにつれ、「卵の産み方」と「卵や子に対する親の習性」はそれぞれどのような違いがみられますか。**表1**から読み取れることを書きなさい。

たかお：シシャモ1匹が1回に産む「卵のおよその数」は１３０００個にもなるのですね。実際に確かめてみたいな。
みつこ：でも1個ずつ数えるのは大変よ。何か簡単《かんたん》に数えられる方法はないのかしら。
先　生：授業で、オレンジ５個からとれるジュースの量を用いて、オレンジ１００個からとれるジュースのおよその量を求めましたね。そのときの考え方を思い出してください。
たかお：そうか。一部の数量から全体の数量を求めることができるのでしたね。
みつこ：シシャモの卵の場合も、工夫《くふう》すれば、1個ずつ数えなくても全体の数を求めることができそうね。
たかお：シシャモの場合は、はかりを使って重さを量ればいいのかな。
先　生：良いところに気がつきましたね。学校にある０.１ｇきざみの電子てんびんを使ってやってみましょう。
たかお：オレンジジュースの量を求めるときと同じように考えればよいのですね。
先　生：ただし、シシャモの卵はとても小さくて1個の重さを正確に量ることはできません。

みつこさんと**たかおくん**は、理科室に行きました。

みつこ：**先生**が教えてくれた手順にそって始めるわ。まず、シシャモ1匹分の卵全体の重さを量るのよね。

【問題2】　**みつこさん**と**たかおくん**はシシャモの卵のおよその数を、電子てんびんを使って求めています。**表2**は作業内容の一部です。**手順1**のあとの**手順2**と**手順3**の作業内容を書きなさい。さらに、**手順4**でおこなっている計算のしかたを説明しなさい。

表2

手順1	シシャモ1匹《ぴき》分の卵《らん》全体の重さを量ります。
手順2	
手順3	
手順4	シシャモ1匹分の卵全体のおよその数を計算で求めます。

会話文を発端として考えていく場合は、その会話文のなかにヒントがあります。この場合は、「魚の卵は数が多いという印象」とはちがって卵が少ない魚もいること。それぞれに種の保存のための理由となっていることに気づきたいものです。
なお、この問題は「2015年度東京都共同作成問題」のサンプルとしても採用されています。

手順4で計算の仕方について自分の考えを書きます。自分の考えや理由などがしっかり書けなければなりません。表現力も問われます。

試される力 3

問題解決力と計算力

ふだんの生活のなかでの問題を解決していく力

日常生活で起きた問題を、どのように解決するかを考えるのが「問題解決力」です。

出題の形式は、学校生活や日常生活のなかでであった問題に対して、会話文のなかから条件を導きだして「会話の登場人物が納得するように解決していく問題」が多く出題されています。登場人物が複数の場合もあります。

下にしめした横浜市立南高等学校附属中の問題などがこれにあたり、なかでは計算力も問われています。

また、ふだんの生活のなかで生じた疑問や、なにか企画を立てたり、さまざまな意見がでてきたときにどう判断していくか、といった力が求められるのが、このタイプの問題です。

疑問だけでなく、学級会の話しあいや、卒業生を送る会の立案、グループによる社会見学の計画など、さまざまな設定が考えられますが、自分がリーダーになったり、グループの一員として考えたり、問題が起きたときにどのように解決していくか、その姿勢が問われ、自分の考えを他者にわかりやすく表現しなければならない設問もあります。

神奈川県の中等教育学校での「グループ活動による検査」は筆記ではなく、8人程度（男女別）のグループで話しあいや作業を行うものですが、同じようなことを目的として問題解決力が試されていると言っていいでしょう。

このような問題に対する力を日ごろから養っておくためには、日常生活で、なにごとも人任せにせず、自分のこととして問題意識を持って行動することです。

疑問や問題があったときには、いろいろな解決方法を考え、そのなかからいちばんよい方法を、理由も述べて提案できるようにしましょう。

2014年度横浜市立南高等学校附属中学校・適性検査Ⅱより

4　みなみさんは、野菜をボウルに入れて洗《あら》っていたとき、水に浮《う》く野菜と沈《しず》む野菜があることに気がつきました。水に浮く野菜と沈む野菜の違《ちが》いについて調べたところ、㋐おおまかに分けると土の上にできる野菜は水に浮き、土の中にできる野菜は水に沈むことがわかりました。

また、ジャガイモは水に沈む野菜ですが、濃《こ》い食塩水に入れると浮くことや、ジャガイモの種類によって、浮きはじめる食塩水の濃さに違いがあることもわかりました。このことに興味をもったみなみさんは、次のような実験をしました。

（1）ビーカー①～⑤を用意し、それぞれのビーカーに水を１０００cm^3ずつ入れました。水１cm^3の重さは１ｇです。
また、それぞれのビーカーに食塩を４０ｇ、８０ｇ、１２０ｇ、１６０ｇ、２００ｇずつ加え、よくかきまぜてすべてとかしました。食塩水の重さと体積は【表１】のようになりました。

【表１】

	ビーカー①	ビーカー②	ビーカー③	ビーカー④	ビーカー⑤
水（cm^3）	１０００	１０００	１０００	１０００	１０００
加えた食塩（ｇ）	４０	８０	１２０	１６０	２００
食塩水の重さ（ｇ）	１０４０	１０８０	１１２０	１１６０	１２００
食塩水の体積（cm^3）	１０２５	１０５０	１０７５	１１００	１１２５

（2）３種類のジャガイモＡ～Ｃをそれぞれ１個ずつ用意し、ビーカー①～⑤の食塩水に順番に入れて、浮き沈みを観察しました。
浮いたものは○、沈んだものは×、浮きも沈みもしないで途中《とちゅう》で止まったものは△として、結果を【表２】に記録しました。

【表２】

	ビーカー①	ビーカー②	ビーカー③	ビーカー④	ビーカー⑤
ジャガイモＡ	×	○	○	○	○
ジャガイモＢ	×	×	×	○	○
ジャガイモＣ	×	×	△	○	○

問題１　次の【表３】は、みなみさんがいろいろな野菜について、水に浮くか沈むかを調べた結果です。**下線部㋐の内容にあてはまらない野菜をすべて選び、カタカナで答えなさい。**なお、ナガネギのように、食べる部分の一部が土の中にあり、残りの部分が土の上にあるような野菜は、「土の中にできる野菜」として考えるものとします。

【表３】

水に浮いた野菜		水に沈んだ野菜	
ピーマン	キュウリ	ジャガイモ	ニンジン
キャベツ	ダイコン	サツマイモ	トマト
ナス	カボチャ	レンコン	ゴボウ

問題２　【表２】の結果について、ジャガイモＣをビーカー③の食塩水に入れると、ジャガイモＣは浮きも沈みもしないで途中で止まりました。これは、ビーカー③の食塩水の１cm^3あたりの重さと、ジャガイモＣの１cm^3あたりの重さが等しくなったからです。

（1）ビーカー③の食塩水の１cm^3あたりの重さは何ｇですか。小数第三位を四捨五入《ししゃごにゅう》して小数第二位まで求めなさい。

（2）ジャガイモＣの重さをはかると１５８ｇでした。ジャガイモＣの体積は何cm^3ですか。答えに最も近いものを、次のア～エから１つ選び、記号で答えなさい。

ア １４６cm^3　イ １５２cm^3　ウ １６５cm^3　エ １７０cm^3

野菜が土のなかにできているのか否か、おとなには簡単な問題ですが、スーパーマーケットに並んでいる野菜しか知らなければ迷ってしまう問題です。家族の話題などふだんの生活のなかででであう事象に、興味を持ってのぞんでいるかが問われます。

溶液の濃度の問題は私立中学では定番といえますが、水溶液の性質やものの溶け方については、小学校6年生で学習していますので、公立中高一貫校の問題としてもむずかしいとはいえません。高校に入って、濃度、密度を学ぶとき、密度の計算が苦手な生徒がでてきますので、小学校での濃度概念形成は非常に重要なステップといえます。

試される力 4

作文力、表現力

意見を書くときは理由も書くクセをつけよう

与えられた資料、また、文章や会話文を見ながら書いたり、問題の条件にしたがって自分の考えを書くのが適性検査における「作文」です。

自分の考えを述べるときは、説得力のある意見を理由といっしょに書きます。

他者に伝わる表現力も求められています。

公立中高一貫校の作文の字数は、400～600字です。

文章でしめされる課題のテーマは、ニュース、社会のマナー・ルール、日本の文化などに対して自分の意見を述べる場合が多くみられます。

自分がそう考えた理由が抜けていると、作文としては不完全です。また、体験などをまじえて書きなさい、という場合もありますので、日ごろ、見聞きしたことの印象などを文章にする練習を繰り返しておくとスムーズに対応できます。ふだんから新聞やニュースに関心を持ち、ご家庭でも社会の問題に対して話しあう姿勢が大切です。

長文を読んで、その要約をする場合もありました。

「書くのは苦手」という人もいるでしょうが、書くことは、練習することでいくらでも伸びます。繰り返し筆をとることです。

（書き方）

○ 題名、名前は書かずに一行目から書き始めましょう。

○ 書き出しや、段落《だんらく》をかえた時は、ますを一字あけて書きましょう。

○ 文章全体の組み立てを考え、適切に段落がえをしましょう。段落がえをしてあいたますも一字と数えます。

○ 読点《とうてん》↓ 、 や 句点↓ 。 かぎ↓ 「 などはそれぞれ一ますに書きましょう。ただし、句点とかぎ↓ 。」 は、同じますに書きましょう。

○ 読点や句点が行の一番上にきてしまうときは、前の行の一番最後の字といっしょに同じますに書きましょう。

○ 文章を直すときは、消してから書き直しましょう。ただし、次の例のように、書き直してもかまいません。

（例）

先週の日曜日、家族で動物園に出かけました。遊びに行きました。

作文には、字数の制限がかならずあります。そのほか、どのように書くべきかについての諸注意があります。これらの注意書きにしたがって文章をつくっていきます。

2014年度東京都立桜修館中等教育学校・作文より

問題

次の「木材」の写真を見て、あなたが考えたことを分かりやすく書きましょう。

字数は、五百字以上、六百字以内とします。

木材の写真を見て、600字以内の文章を記せというのですから、おとなでも面食らってしまうでしょう。しかし、意欲的な態度も採点のうちですから、なるべく字数いっぱいまで書きましょう。木材を見て、これまでの体験や、「この木材を使ってこんなものをつくりたい」などの考えを、論理的文章として表現できているかが問われます。

試される力 5

教科知識の活用力

教科書にでてくる知識の理解と活用力をはかる

小学校の教科書レベルの知識をしっかり理解し学力として定着されているか、また、その活用力をはかる問題です。

そして、それを日常生活に役立てていけるか、自分の言葉で説明できるかを試します。

社会科で言えば、ある地域の地理や歴史の特徴を聞かれて考えたり、算数・理科でも小学校で習ったはずのことがかたちを変えて出題され、その理由を説明する、といった問題です。

これらの問題に解答していくためには、日ごろから小学校での教科学習をしっかりすること、習ったことを自分の言葉で書いたり、図も自分で描いてまとめておくこと。知識を定着させるためには、知っていることを、つねに文章にしていくことが大切なのです。

また、新たな問題にぶつかったときに、すぐに人に教わることをやめ、いままで学習してきた知識で使えるものはないかを考えてみる習慣をつけましょう。

2014年度川崎市立川崎高等学校附属中学校・適性検査Ⅱより

問題2　たろうさんとひろし先生が、陸上競技大会の新聞記事をきっかけにして、速さについて話しています。下の会話文を読んで、あとの（1）～（7）の各問いに答えましょう。

ひろし先生：高校３年生の選手が、100m 走で日本歴代２位の記録を出したみたいだね。

たろうさん：高校生でそんな記録を出せるなんてすごいですね。どれぐらい速いんですか。

ひろし先生：10 秒 01 だそうだ。

たろうさん：ところで、日本歴代１位の記録はどれぐらいのタイムなんですか。

ひろし先生：１位は 10 秒 00。その差は［（あ）］分の１秒。

たろうさん：たったの 0.01 秒しか差がないんですね。

ひろし先生：そうだよ。この歴代１位の選手と２位の選手が、もし同じ速さで 1000m の道のりを走ることができたと考えてみたらどうなると思うかな。

100m を 10 秒 00 で走れる人は、1000m を 100 秒で走れるということになるね。それに対して、

100m を 10 秒 01 で走る人は、1000m を［（い）］秒で走れるということになるね。

たろうさん：すごい。1km 走っても、それだけしか差はつかないんですね。やっぱりほとんど同じ速さのように感じます。ところで、二人は、時速何 km ぐらいで走っているんですか。

ひろし先生：時速は［（う）］で表した速さのことだから、1000m を 100 秒で走る人の速さを時速で表すには、1000m を 36 倍すれば求められるね。だから・・・ 時速 36km。

たろうさん：なるほど。それじゃあ、100m を 10 秒 01 で走る人の速さを同じように時速で表すには、1000m を何倍すればよいかというと・・・・・　あれっ、計算すると整数ではなくなっちゃうな。35.964035...、うーん、がい数で 35.964 倍しよう。そうすると・・・時速 35.964km だ。

ひろし先生：この速さで１時間走った場合、約［（え）］m の差がつくということだね。

たろうさん：ところで、どれぐらい速いかの表し方として、陸上の記録みたいにタイムで表したり、時速や分速や秒速で表すことがあったりするのはどうしてでしょう。

ひろし先生：いいことに気づいたね。どれぐらい速いかを表す方法には、大きく分けて２通りあるんだ。それぞれ場面によって使い分けられているんだよ。新幹線の速さなどは、場面によって両方使われていると思うよ。

たろうさん：たしかにそうですね。“最高時速 320km　東京－新青森最速 2 時間 59 分”と書いてあるポスターを見たことがあります。時速 320km で 約 3 時間走るということは、東京から新青森までは、960km ぐらいですか。

ひろし先生：いや、そうはならないよね。

［（お）］

たろうさん：なるほど。そうですね。

ひろし先生：東京から新青森までは 674.9km だそうだよ。

たろうさん：他にも、“東京－秋田最速 3 時間 45 分”と書かれたポスターも見たことがあります。

ひろし先生：秋田までかぁ。東京から秋田までは、662.6km だそうだよ。

たろうさん：秋田までの方が時間はかかるけど、新青森までの方が遠いんですね。

ひろし先生：新青森までの新幹線と、秋田までの新幹線、それぞれどれぐらい速いと言えるのか、一定の速さで走っていたと考えて確かめてみてごらん。

（1）会話文中の（あ）にあてはまる数を答えましょう。

（2）会話文中の（い）にあてはまる数を答えましょう。

（3）会話文中の（う）で、ひろし先生は、「時速」とは何を表しているか説明しています。適切な説明を書きましょう。

（4）会話文中の下線部に「1000m を 36 倍すれば求められる」とありますが、その理由を説明しましょう。

（5）会話文中の（え）にあてはまる数を答えましょう。

（6）会話文中の（お）には、東京から新青森までの道のりが 960km にはならない理由を説明する文章が入ります。適切な説明を書きましょう。

（7）たろうさんは、東京－新青森を走る新幹線と、東京－秋田を走る新幹線がどれぐらい速いのかを比べました。比べ方として正しいものを、下のア～オの中からすべて選びましょう。ただし、たろうさんは新幹線が一定の速さで走ったとして考えたものとします。

ア　$674.9 \div 662.6$ と $225 \div 179$ を比べる。

イ　$(120+59) \div 674.9$ と $(180+45) \div 662.6$ を比べる。

ウ　$674.9 \div \left(2+\frac{59}{60}\right)$ と $662.6 \div \left(3+\frac{45}{60}\right)$ を比べる。

エ　$\left(3+\frac{45}{60}\right) \div 674.9$ と $\left(2+\frac{59}{60}\right) \div 662.6$ を比べる。

オ　$674.9 \div (120+59)$ と $662.6 \div (180+45)$ を比べる。

小学校の授業で習った、時間と速さ、距離の関係を理解、定着していれば答えられます。公立中高一貫校の適性検査のなかでは比較的やさしい問題です。「最高時速」という言葉の意味に気づくかどうかもカギです。与えられた条件を理解し、また数理的な事象、情報などを整理、選択、処理することができるかが問われます。

知識を基に、さらに論理的思考力を活用して課題を解決する力をみています。問題文をよく読みましょう。答えはひとつではないので、最初にでてきた正解選択肢のみを選ぶミスがないようにしましょう。正しいのはイ、ウ、オです。式は３つとも同じ意味になります。

女の子のための　ココロとカラダのケア

～安心して試験日を迎えるために　月経について正しく理解しましょう～

※「生理」は正しくは月経といいます。
正しい言い方ができるようにしましょう。

思春期は身体の基礎をつくる大切な時期です。とくに女の子は月経を迎え、身体に大きな変化が起こります。「もし試験日に月経が重なってしまったら」そんな不安な気持ちを抱えているお子さんや保護者のかたもいらっしゃるかと思います。お子さんの疑問や不安な気持ちをとりのぞいてあげて、気持ちよく受験を迎えられるようにしてあげたいものです。

ここでは、思春期のお子さんをサポートしているP&Gウィスパーハッピー「始・春・期」プログラム事務局に、月経との正しいつきあい方についてうかがいました。

知っておきたい月経のこと

月経が始まる目安としては、身長が150㎝、体重が40㎏、体脂肪率が15%を超えたころ（年齢でいえば12歳ごろ）といわれています。急に身長や体重が増えてきたら始まるのが近いかもしれません。学校でも月経についての授業を受けますが、やはりおうちのかたからの説明が大切です。自分の身体がこれからどうなってしまうのかという不安を感じているお子さんもいらっしゃると思います。小学校4年生ごろを目安にご家庭でも話し合ってみてください。

初めての月経は小さな女の子が健康な「女性」となり、新しい命を産める身体になっていくための大切なできごとです。また、月経は女性が自分の身体の調子を知るための便利なバロメーターでもあります。「大変」「面倒」といった否定的な言葉は使わずに、だれにでもやってくる自然なことであることをお子さんに伝えてください。

まだ初経を迎えていないお子さんでしたら、いつ初経を迎えても大丈夫なように、ふだんから月経に必要な生理用品を用意しておくとよいでしょう。たとえば、ポーチにナプキンを2～3個と生理用ショーツを入れて、いつも使うかばんに入れておくなど、心の準備をしておけば急に初経がきてもあわてることがありません。

また、おとなが当たり前のように使っているナプキンでも、お子さんにはむずかしく感じることもあるようです。いざというときにも困らないように、実際にナプキンの使い方を試してみるのもよいでしょう。あわせて、使用後のナプキンの処理の仕方についても、トイレに流さない、個別ラップでくるむといったエチケットも教えてあげてください。

月経が始まってもしばらくは周期が安定しないかもしれません。初経が始まった直後から順調に月経がくる人は全体の半分程度で、最初のうちは日数も期間も安定しないことが多いのです。成長して月経のリズムがきちんとできあがれば周期も決まってきます。月経が始まった日から、つぎの月経がくる前の日までの日数を「月経周期」といいます。月経周期はふつう25～38日といわれています。お子さんの月経周期がわかるように、月経がきたらカレンダーに書

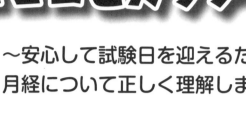

きこんでおくようにして記録をつけるとよいでしょう。スマートフォンを使っているならば、生理日予測アプリを使うのもおすすめです。

試験日に月経が重なってしまったときは、長めのナプキンを使って、休み時間など替えられるときに替えるようにします。試験会場のトイレは混みあうことも考えられますので、もれることがないように備えましょう。

月経の際にお腹や腰に痛みを感じる、いわゆる月経痛も子宮がまだ成長しきっていない時期のお子さんには、痛みを強く感じることもあります。そうなっては受験勉強もなかなか手につかなくなってしまいます。お子さんの月経の症状をよく聞いて、対処の仕方をいっしょに考えてみてください。身体を暖めたり、栄養バランスのとれた食事をとるなど気をつけてあげてください。

最後に、男の子にはこのような月経のサイクルがないので、女の子の身体の変化は理解しにくいものですが、女の子に思いやりをもてるよう、男の子のいらっしゃるご家庭でも女の子のそうした身体の変化を教えてあげたいものです。

女の子のギモン

もしこんなことを聞かれたら

Q. 貧血にならないの？

A. 1回の月経ででる血液は50ml程度なので、貧血になる心配はありません。しかし思春期は身体がぐんぐん成長するので、鉄分がたくさん必要になる時期。鉄分が不足すると貧血になることもあります。ふだんから栄養バランスのとれた食事をして、レバーやひじきなど鉄分を多く含む食品をとるようにしましょう。

Q. お風呂に入ってもいいの？

A. 自分の家のお風呂でしたら、湯船に入ってもかまいません。身体をよく洗ってから入りましょう。もし合宿や宿泊学習など、自宅以外の場所でお風呂に入ることがありそうなら、「シャワーやお湯をかける程度でいいよ」と教えてあげましょう。

Q. ショーツや洋服を汚しちゃったらどうすればいいの？

A. 急に始まるときのために、小さなポーチにショーツと薄いナプキンを持っているよう教えます。もし忘れて持っていなければ学校だったら保健室へ。先生が相談に乗ってくれるはずです。また、汚したら自分で洗うように教えましょう。血液は熱いお湯だと固まってしまう性質があるので、必ず水かぬるま湯で洗います。

親子で

受験日の服装やナプキンえらびなど

ゲームをしながら楽しくわかっちゃうサイト

わたしとぴー子の受験成功ものがたり

http://jp.happywhisper.com/shishunki/petit/juken/pco.html

女の子の受験対策Q&A

これから入試を迎える受験生のみなさんや保護者のかたの悩みや不安をお答えいただきました。（監修　産婦人科医　堀口雅子先生）

ふだんから気をつけたいこと

Q 6年生になって生理が始まりましたが、周期が不規則で、いつなるかわかりません。ナプキンは携帯していますが、ほかに気をつけることはありますか。

A 月経前にはおりものが増えたり、胸が張ったりします。ほかにも便秘や下痢、ニキビができたり、肌が荒れたり、また精神的にはイライラや憂うつなど、気持ちが不安定になることもあります。こうしたいろいろなサインが身体に表れますので、ふだんから気をつけてみましょう。

　月経の周期を記録しておくことも大切です。月経周期がわかってくれば、つぎの月経日の目安になります。とはいえ、初経を迎えてすぐの場合は、周期的に月経がくる人は全体の半分くらいです。とくに受験期のストレスは月経周期にも影響を与え、月経が止まったり、逆に受験当日に突然きてしまうこともあります。いつもナプキンを携帯しておくと安心です。

Q クラスでも背が高い方なのですが、生理はまだです。どうなると生理は始まるのでしょうか。

A 身長や体重が急に増えて、おりものが増える、胸が張るなどの兆候が見られたら、初経が近いしるしです。「そろそろかな」と思ったら、すぐに準備を始めましょう。ナプキンやショーツをポーチに入れて、ふだんから持ち歩くようにしてください。生理用品は実際に使って練習してみましょう。おとなと子どもでは快適と感じるナプキンの種類がちがうこともあります。自分に合ったナプキンを見つけておけば安心です。月経の始まる時期は、人によってそれぞれですが、準備さえしておけば、まったく心配ありません。

Q 生理に対して漠然と不安を感じているようです。受験が近いので、なるべく不安を取り除いておきたいと思うのですが、どうしたらよいですか。

A 月経はおとなの女性だったら、だれにでもやってくる自然なことです。妊娠・出産と関係なく女性として生きるためにも、母になる日のためにも、月経は大切なものとして考えてください。女性の先輩であるお母さまなどが相談相手になって、ふだんから月経を前向きにとらえられるようにしておきましょう。

　また、月経時のモレや失敗で不安を感じることのないように、量が多いときにはナプキンを昼間でも夜用にするなど、場面に合わせてじょうずに使い分けましょう。

女の子のためのお役立ちツール

生理日予測ハッピーサイクル

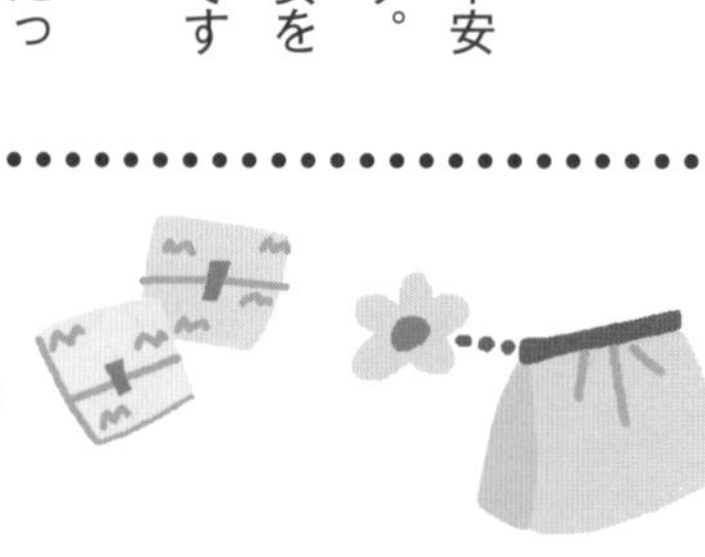

　生理日予測ハッピーサイクルは、ウィスパーが提供する、無料で安心なスマートフォン専用アプリ。カンタン操作で、あなたの最近の生理日と周期から、次回の生理日を予測します。

　過去の生理日記録はもちろん、体重管理や基礎体温の記録もできて、女の子の体調変化をこれひとつでバッチリ管理！

受験勉強中のアドバイス

Q 生理前の方が生理中よりお腹や腰が重くなり、なんとなく勉強に集中できません。なにか改善する方法はありませんか。

A 症状を緩和するために、生活面でできることがいくつかあります。

　たとえば食生活ではカフェイン、インスタント食品や塩分の強い食品などを多量にとらないよう気をつけてください。甘いお菓子を食べ過ぎたり、眠気をさますためといって、カフェイン飲料をたくさん飲んでしまうと、かえって*PMSの症状が悪化します。思春期にはとくにバランスのとれた食事がとても大切。過度のダイエットもやめましょう。

　（*PMS＝月経前症候群。月経前のおよそ2週間、ホルモンのアンバランスにともなって起こるさまざまな症状を、PMSといいます。腹痛や頭痛、乳房の痛み、疲れやすい、眠くなるなどの身体症状、イライラ、無気力、憂うつなどの精神症状などがよく知られています）

Q 生理前や生理中の気持ちがちょっと沈みがちなとき、元気になれる方法はありますか。

A 食生活に気をつけたり、カモミールやペパーミントなどのハーブティーを飲むのも、身体を温めてくれるのでおすすめです。

　また、適度な運動も効果的です。運動すると、βエンドルフィンという鎮静効果のある物質が血液中に増え、気分をリラックスさせてくれます。ほかにも大好きな音楽や香りで元気になる方法もありますし、ぐっすり眠れるように寝具や照明を工夫したり、ミルクを人肌に温めて飲むのもよいでしょう。受験まであと少し。自分なりの気分転換法を見つけ、元気に過ごしましょう。

Q 生理中は少しお腹が痛くなります。痛み止めは癖になるといいますが、がまんした

子どもと相談してナプキンを選ぼう

小学校６年生と中学３年生の受験生と保護者を対象に、「月経と生理用品（ナプキン）に関するアンケート」を実施。受験生と保護者の気持ちを聞きました（P&Gウィスパー調べ）。

　多くの家庭ではナプキンのブランドやメーカーを選ぶのは保護者で、ナプキンを選ぶときの決め手は「モレない」「ズレない」。しかし、毎回の月経でモレを経験している受験生も４割（小６では５割）いました。

ナプキン決定者のちがいによる受験生の満足度

保護者が決める	満足52%	不満48%
子どもが決める	満足85%	不満15%
相談して決める	満足82%	不満18%

　ナプキンのブランドを決めるとき、子どもの意見を取り入れている場合は、８割以上の子どもが使っているナプキンに満足していると答えました。

　子どもの意見を取り入れているかどうかで、満足度は大きく変わっています。

ナプキン選択の決め手と、使用時の不満

（保護者）ナプキン選択時の決め手

モレない：80%　　ズレない：55%

（受験生）ナプキンへの不満

モレる：75%　　ズレる：63%

方がよいでしょうか。

A お腹が痛いときは、毛布や使い捨てカイロなどで下腹部を温めたり、月経痛体操などで骨盤内の血流をよくすることが効果的です。月経痛体操には、あおむけに寝て、そろえた両膝をあごに近づくまであげてから、ゆっくりもとに戻す動作を10回ほど繰り返すものなどいろいろあります。うつぶせで腕と膝を立て、ネコのように背中を丸めたり伸ばしたりしてもよいです。

それでも月経痛がひどい場合は早めに痛み止めを飲むという方法もあります。毎月の服用で癖になったり、将来の妊娠に差しつかえることはありません。痛み止めは市販のものでかまいませんが、薬

を飲む量やタイミング、間隔はきちんと守ってください。胃の不快感や眠気など副作用をともなうこともあるので、頭痛・歯痛のときなどに飲み慣れている薬が安心です。また、痛み止めが効かないほどひどい場合は、早めに産婦人科のお医者さんに相談してみてください。

受験当日のアドバイス

Q 小5で生理が始まりました。だいたい月に1度の周期ですが、このままだと試験と重なりそうです。どんなことに気をつければよいでしょう。

A 試験の途中で始まったら…と心配なときは、試験当日の朝からナプキンを下着にあてていくとよいでしょう。さらに、予備のナプキンと、お守りとして、いざというときの痛み止め（頭痛・歯痛などで使い慣れたもの）を持ち、モレてしまっても目だたないような黒っぽい色の暖かい服装ででかければ完璧です。そろそろ月経になりそうだと思った

思春期が始まるころの子どもをサポートする
ウィスパーハッピー「始・春・期」プログラム

子どもたちが春を迎えるように明るく思春期を迎えられるようサポートするホームページです。

http://jp.happywhisper.com/shishunki/index.html

保護者向けページ
「思春期を迎える子どもの保護者に知ってほしいこと 思春期の子どものココロとカラダ」

不安や疑問でいっぱいの子どもたちには、保護者の方からのアドバイスや協力がとても大切。保護者ご自身が正しい知識を持ち、ご家庭で話しあうために、必読です。受験生に気をつけたいこともわかっていれば安心です。

月経が始まるころの女の子向けページ
ウィスパープチ

月経のしくみや上手な付き合い方について、知りたい情報が満載。お子さんがご自身で見るだけでなく、親子でいっしょに見て話しあえるといいですね。

女の子のための ココロとカラダのケア

ら、試験日には受験票や筆記用具などの持ちものといっしょに、ナプキンやショーツといった生理用品を用意してください。

前もって準備し、心がまえをしておくことで、月経で困ることのほとんどが解決できるものです。あとは平常心。いつもの自分でしっかり試験にのぞめるようにしてください。

Q 試験会場で急に生理が始まってしまい、万が一洋服を汚してしまった場合、どのようにしたらよいでしょうか。

A 洋服を汚してしまったら、セーターやトレーナーを腰に巻いたり、寒い時期ですから、コートをはおれば隠れてしまいます。

まず、月経が来そうなときはナプキンを用意しておくことを忘れずに。もしナプキンがなければ、清潔なハンカチやハンドタオルをたたんでナプキン代わりにしてください。トイレットペーパーを多めに重ねても代用できます。

お昼休みなど時間が取れるときは、恥ずかしがらずに試験官の先生に相談してみましょう。保健室には備えつけの生理用品があるはずです。

Q 生理痛がとても重く、試験と重なったら…と思うと憂うつです。薬で生理をずらせると聞きましたが、どんなものなのでしょうか。

A ホルモン剤を飲んで月経を早めたり、遅らせたりする方法があります。ただ、ホルモン剤は安易に使うものではありません。ほとんどの人は、自分の体調に合わせて準備をしておけば、受験日と重なっても心配いりません。たとえば、月経の量が多くて心配なときは吸収力の高いナプキンを使うとか、お腹を冷やさないように暖かい服装にするなど、工夫してみましょう。

痛み止めが効かないくらい月経痛がひどいとか、どうしてもという場合は、月経を早める方がよいと思いますので、受験日の1カ月半くらい前までに産婦人科の医師に相談してください。試験中にぐあいがよくないときは試験官の先生に早めに言いましょう。ほとんどの学校では、保健室などで試験を受けることができます。

―中学受験のお子様を持つ親のために―

わが子が伸びる親の『技《スキル》』研究会のご案内

平成26年度後期講座予定

主催：森上教育研究所　協力：「合格アプローチ」他
（ホームページアドレス）http://oya-skill.com/

第2回　9/18（木）
コーチ
小泉　浩明
（学習コーチング）

テーマ　覚えておきたい受験国語のテクニック【全学年対象】

内容　国語の問題を読む時や解く時に使える、覚えておきたいテクニックを紹介していきます。テクニックは、王道的なものから苦肉の策的なものまでいくつかありますが、知っている、知らないでは確かに得点が違ってくる可能性があります。使えるテクニックを、ぜひお子さまにお伝え下さい。

申込〆切 9/16（火）

第3回　9/22（月）
算　数
望月　俊昭
（算数指導&執筆）

テーマ　「ミス」とどう向き合うか【全学年対象】

内容　そもそも、とらえ方がまちがっているのでは？5題に1題まちがえる計算の意味するところは、その計算は＜正答率が8割の計算＞ということです。2割の誤答を「ケアレスミス」とか「つまらないミス」と言っている間は何も改善されません。その程度の計算力・計算技術であると認めて初めて改善が始まります。

申込〆切 9/18（木）

第4回　10/2（木）
国　語
田代　敬貴
（国語指導&執筆）

テーマ　生徒の答案から学ぶ記述答案作成の＜スキル＞【小４～小６対象】

内容　成績上位の生徒でも、わかりやすく読みやすい、言いかえれば採点者に苦痛を与えない文章を書く生徒はそう多くはいません。では、受験生の書く答案の問題点はどこにあるのか。どうすれば改善されるのか、タイプ別記述問題攻略の＜スキル＞とあわせてお話します。

申込〆切 9/30（火）

第5回　10/9（木）
コーチ
佐々木信昭
（佐々木ゼミナール主宰）

テーマ　受験の王道＝志望校過去問徹底演習のプロの全ノウハウ伝授【小6対象】

内容　入試問題はこの問題が出来れば合格させるという学校のメッセージです。志望校の過去問を徹底的にやり込んで、合格可能性20～40%(偏差値7不足)からの逆転合格を、あと100日で可能にします。20～30年分の分野別小単元別過去問集の作り方、最も効果的な演習法を一挙公開。算数、理科中心。

申込〆切 10/7（火）

第6回　10/16（木）
理　科
恒成　国雄
（Tサイエンス主宰）

テーマ　各学年がやるべき理科的内容への取り組みについて【小2～小5対象】

内容　「理科は、もはや暗記科目ではありません！」中学理科入試問題の思考力重視化は毎年顕著になってきています。直前の丸暗記では間に合いません。どの時期にどのようなことをやるべきなのか？具体的な理科の入試問題から、それに対応できる力をつけさせるための学年ごとの理想的な過程を説明していきます。

申込〆切 10/14（火）

第7回　10/23（木）
女子学院
金　廣志
（悠遊塾主宰）

テーマ　女子学院入試攻略法【小6対象】

内容　女子学院入試に絞った究極の攻略法。受験生の答案例などを参考にして4科の解法を指導します。女子学院必勝をねらう受験生と父母にとっては必見の講座です。

申込〆切 10/21（火）

第8回　10/28（火）
算　数
粟根　秀史
（算数指導&執筆）

テーマ　進学塾に入る前にやっておくこと【小1～小3対象】

内容　入塾前にどれだけの準備をしたかが入塾後の学習の成果に大きく影響します。算数を中心にどのような準備をしておくべきか、そしてそれが入塾後にどのように活かされていくかを具体的にお話します。

申込〆切 10/24（金）

◇時間：10：00～12：00
◇会場：森上教育研究所セミナールーム（JR・地下鉄市ヶ谷駅下車徒歩7分）
◇料金：各回3,000円（税込）※決済を完了された場合はご返金できません。
◇申込方法：スキル研究会HP（http://oya-skill.com/）よりお申込下さい。
メール・FAXの場合は、①保護者氏名　②お子様の学年　③郵便番号　④住所　⑤電話／FAX番号／メールアドレス　⑥参加希望回　⑦WEB会員に登録済みか否か　を明記の上お申込下さい。折り返し予約確認書をメールかFAXでお送りいたします。
申込〆切日16時までにお申込下さい。また、電話での申込はご遠慮下さい。尚、本研究会は塾の関係者の方のご参加をお断りしております。

お電話での申込みはご遠慮下さい

お問い合わせ　：森上教育研究所　メール：ent@morigami.co.jp　FAX:03-3264-1275

中学受験 合格アプローチ 2015年度版

中学受験合格ガイド2015

あとがき

秋の訪れとともに、ご本人はもちろんご家族みんなで挑む「中学受験」も、いよいよ「追い込み」の時期に入ってきました。マラソンでいえば35㎞を過ぎたところ、いちばん苦しく感じるあたりかもしれません。しかし、あと少し走りつづければ、ゴールはもうそこに見えてきます。

この本は、受験まで「あと100日」をテーマに、さまざまな角度から「受験生、保護者のお役に立てる情報を少しでも多く」との思いで編集したものです。

「中学受験」は、ご家族みんなが受験生に寄り添って駆け抜けるところに醍醐味や喜びがあります。

さあ、受験まで「あと100日」。まだまだお父さま、お母さまのサポートは欠かすことができません。いつも笑顔を絶やさず、最後までご本人を励ましてあげてください。

努力をつづけたこの経験は、かならずご本人の財産として残ります。支えてくれたご家族の愛情も心に刻みこまれることでしょう。

編集部一同、心からご健闘をお祈りしています。

『合格アプローチ編集部』

営業部よりご案内

『合格アプローチ』は首都圏有名書店にてお買い求めになれます。

万が一、書店店頭に見あたらない場合には、書店にてご注文のうえ、お取り寄せいただくか、弊社営業部までご注文ください。ホームページでも注文できます。送料は弊社負担にてお送りいたします。代金は、同封いたします振込用紙で郵便局よりご納入ください。（郵便振替 00140-8-36677）

ご投稿・ご注文・お問合せは
株式会社グローバル教育出版
【所在地】〒101-0047
東京都千代田区内神田2-4-2 グローバルビル
【電話番号】03-3253-5944《合格しよう》(代)
【FAX番号】03-3253-5945
URL:http://www.g-ap.com
e-mail:gokaku@g-ap.com

中学受験　合格アプローチ　2015年度版
中学受験合格ガイド2015

2014年９月10日初版第一刷発行
定価：本体 1,000 円 + 税

●発行所／株式会社グローバル教育出版
〒101-0047 東京都千代田区内神田2-4-2 グローバルビル
電話 03-3253-5944(代)　FAX 03-3253-5945
http://www.g-ap.com　郵便振替 00140-8-36677